飯野布志夫
著作集 別巻

語源の鍵！

音《おん》ものがたり

鳥影社

語源の鍵！

音《おん》ものがたり

目次

言葉の音《おん》には意味がある　9
母音について　13
子音について　17
音意による語源調査について　21

ア音の音意　23
イ音の音意　28
ウ音の音意　33
エ音の音意　40
オ音の音意　45

カ音の音意　52
キ音の音意　54
ク音の音意　56
ケ音の音意　60
コ音の音意　62

サ音の音意 64
シ音の音意 66
ス音の音意 70
セ音の音意 72
ソ音の音意 74

タ音の音意 78
チ音の音意 80
ツ音の音意 82
テ音の音意 84
チェ音の音意 86
ト音の音意 88

ナ音の音意 90
ニ音の音意 92
ヌ音の音意 94

ネ音の音意 96
ニェ音の音意 98
ノ音の音意 100
ハ音の音意 102
ヒ音の音意 104
フ音の音意 106
ヘ音の音意 108
ホ音の音意 110
マ音の音意 112
ミ音の音意 114
ム音の音意 116
メ音の音意 120
モ音の音意 122
ヤ音の音意 126

ユ音の音意 128
ヨ音の音意 130
ワ音の音意 134
・ン音について 138
ガ音の音意 140
ギ音の音意 142
グ音の音意 144
ゲ音の音意 146
ゴ音の音意 148
ザ音の音意 150
ジ音の音意 152
ズ音の音意 154
ゼ音の音意 156
ゾ音の音意 158

ダ音の音意 160
ヂ音の音意 162
ヅ音の音意 166
デ音の音意 168
ド音の音意 170

バ音の音意 172
ビ音の音意 174
ブ音の音意 176
ベ音の音意 178
ボ音の音意 180

パピプペポ音の音意 182

語源の鍵！音《おん》ものがたり

人が話す言葉の音《おん》には、
一つ一つに固有の意味や働きがあることが分かった。
それを音意と名付けて解説したものがたりである。

❖ 言葉の音《おん》には意味がある

南九州方言と言えば、変ちくりんな用法と発音が有名だが、その伝承の言葉遣いを文法的に解明してみると立派な日本語の系列の一つであることが分かる。

ところで、私どもが日常に使っている言葉遣いだが、言葉を創るその一音一音の音《おん》（音節）には「**その音固有の意味は無い**」とするのが、現代言語学や国語学の定説になっているようである。この学説を確定的に提言したのはスイスの言語学者フェルディナン・ド・ソシュールで、ジュネーブ大学教授時代（一九〇七～一九一一年）に行われた連続講義で「**物の意味とその言葉の音の間には何ら必然的な結びつきは無い**」と提言した言語学講座が世界的に紹介されてからである。日本でもその理論が各大学や言語研究機関などで取り入れられて、その考え方が主流になっているようである。

しかし、その提言とは正反対の考え方をしていたのが、筆者の亡父（飯野武夫）であった。というのは、南九州地方（鹿児島）に伝承された独特の方言語法のままで、あの難読で有名な『古事記』上巻の神話文章が筋立って解読できるのに気づいたのがきっかけになったという。すなわち、解読の研究過程で同方言の音節を形成する言葉の一音一音には「**音韻固有の意味**」が介在していることを突き止めるに至ったからである。その研究過程の教えを受けて筆者も昭和二十六年代より「**音韻固有の意味**」の解明に取り組んできたのである。仮説になるが筆者はその「**音韻固有の意味**」を「音意」と名付けた。面白い事実だが、この南九州方言（南九語）

の伝承的言葉遣いを文法的に解明してみると、亡父の提言どおりその語形は『古事記』上巻（神代編）の書法に通じていることが分かってきたのである。

というのは、あの方言は日本最古の和語の古式語法を現在に残しているのではないかと考えられてならない。これらの神話考証の内容については別記の『古事記新解釈　南九州方言で読み解く神代』飯野武夫著（鳥影社刊）に譲るので、機会があれば目を通していただければ幸いである。なお、本書の解説も根本は亡父の提言による。

ところで、言葉を創る音《おん》には「母音」と「子音」ある。そして、これらの母音と子音にはそれぞれに「**音韻固有の意味**」があることが分かってきたのであるが、順を追って「音のものがたり」として母音から解説を進めてみよう。

❖ 母音について

ところで、現代日本語では「ア・イ・ウ・エ・オ」の五つの音《おん》が母音とされている。通常は「ア・イ・ウ・エ・オ」の順番に並べるのが基準とされているが、並べ方を「イ・エ・ア・オ・ウ」の順番に並べ変えて発声してみよう。そうすると、後述のごとくそれぞれを発音すると唇の形は横型から縦型へと順序よく変化していくのが分かる。

イ音＝この音を発声するときは唇を少し開けて、横一文字に引っ張るようにして発音する。これを「**横型限母音**」と名付けてみた。

エ音＝この音を発声するときは唇の横への引っ張りをやや戻して半開きにした状態で発音する。この音はア音とイ音の中間位置になるように唇の開きを持ってきたので「**横型間母音**」と名付けてみた。

＊ 南九語の文法では「ア・イ（ai）」という二つの母音を並べて発音する場合は、母音集約の語法で約音化し、横型間母音である「エ（e）」音に変化して発音する。例えば「あいさつ（挨拶）**」は南九語で「エサッ」と発音する。**

ア音＝この音を発声するときは唇を最も自然な形で丸く開けて発音する。言語の中心になる音であるから、これを「**核母音**」と名付けてみた。

オ音＝この音を発声するときは唇をやや縦にするようにして（実際は唇をすぼめ、突き出す形にして）唇を少し開けて発音する。この音はア音とウ音の中間位になるように唇をもってくるので、これを「**縦型間母音**」と名付けてみた。

＊**南九語の文法では「ア・ウ（au）」という二つの母音を並べて発音する場合は、母音集約の語法で約音化し、縦型間母音である「オ（o）」の音に変化して発音する。例えば「にあう（似合う）」は南九語で「ニオ」と発音する。**

ウ音＝この音を発声するときは、オ音に比べてさらに唇を引っ張るようにして縦にし、（実際は唇をすぼめてさらに突き出す形にして）発音する。これを「**縦型限母音**」と名付けてみた。

日本語の文法ではこの五つが母音とされている。しかし、南九語の文法では前述のごとくエ音とオ音は約音化で発音する音（間母音）にもなるので、結局はイ音・ア音・ウ音の三つの母音が基幹ではないかとも考えられる。しかし、国語の教育現場では五つの母音を基本として教育しているので、それに従って説明をしてみよう。

❖子音について

子音は単音の一つで、父音（これを子音とも呼ぶ学説もある）と韻母（母音）が調音合体して、調音器官で発せられる音《おん》（音節）を子音と位置づけて説明したい。例えば、カ音は発音記号でkaと表記されるが、k音が父音でa音が韻母、すなわち母音にあたる。この二つが調音器官によって発せられる音が子音である。

＊一、参考にした飯野布志夫著の雑考記
『南九州方言の文法』（高城書房刊）
『言葉の起こり』（鳥影社刊）
『語源の旅　鹿児島弁』（鳥影社刊）

＊二、現在、日本の国語学や言語学では音意の存在は否定する考え方が根強い。よって、それに反して、音意の存在を考証する当本の解説は逆説になるので、参考程度として読んでいただければ幸いである。

＊三、母音の順列（子音の韻母も同じ）は前述したように「イ・エ・ア・オ・ウ」の順番に並べて説明するのが文法上は正しいと思われるが、一般論に従い「ア・イ・ウ・エ・オ」の順番で説明したい。

*四、語例に挙げた言葉の振り仮名は原則として標準語（共通語）の場合は「ひらがな」で表記し、南九語または音意で充てた読みについては原則として「カタカナ」で表記する。なお、取り上げた語例のなかには『言葉の起こり』と重複するのもあるのでご了承願いたい。

*五、解説文中で「象体」とあるのは「現象と実体」のことである。同じく、「標訳」とあるのは南九語の語法を文法的に解明して標準語体に対応改訳した語体である。

*六、英語の語例も附記したが、参考までの対応なのでご了承願いたい。

❖ 音意による語源調査について

音意の存在に興味をもった方は、日本語（和語または倭語）の語源について音意でその創造の形を追跡してみよう。

たとえば、「明《あ》かり」という言葉だが、「アカリ」を音意上でその語形を調べてみるとア音は『浮上出現して存在している』すなわち、簡潔に言えば『有《あ》り』または『在《あ》り』であり、カ音は『構う』を意味した音意が考えられる。そして、リ音は所作の『継続持続』を表示する音であると考えられるから、まとめて「アカリ」という用語を音意的に解釈すると『存在のために構っている』という語形になる。「明《あ》かり」とはそんな現象を表現した言葉ではないだろうか。同音の「灯《あ》かり」だってそんな現象を表現した用語であろう。

こんな要領で、古来の日本語（和語または倭語）を音意で追跡していくと語源の様式がひも解けてくる。いや、日本語だけではない。追跡の輪を広げて同じ要領で世界各国の伝承言語についても、その語源を音意でひも解く試みに挑戦すると面白い結果が得られると思う。

ア

音の音意

「ア」とは、ある象体が『出現』するとそのものの『存在』が確認できる。分かりやすく言えば『現《あらわ》れて有《あ》り』である。これがア音のもっている「音意」である。

語例

有り〔あり〕（アイ、標訳してアリ）

「あり」という言葉は象体（現象と実体）の存在を確認したときに用いる用語である。すなわち、ア音は『出現』して『存在』を表示する音になる。それが音意である。

あれっ〔あれっ〕（アレッ）

象体が『出現』して『存在』を確認したときに思わず発する声が「あれっ」である。すなわち、この感動詞のア音にはア音特有の『出現』『存在』の音意があると考えられる。

朝〔あさ〕（アサ）
「朝」の語形は音意で解明するとア音は『出現』して『存在』していることであり、サ音は『生長発展（サ音の項で説明）』を表現した用語である。

赤〔あか〕（アカ）
ある現象や実体が『出現』して『構っている』状態、すなわち、音意上の語形は『明《あ》構《か》』が考えられる。これが「赤」という言葉遣いを創り、「明《あ》かり」「明《あか》るい」という用語も生み出したと考えられる。

足〔あし〕（アシ）
動物の歩行部分が「足《あし》」である。ア音はその動物の『存在』を明らかにするための体形部分である。シ音は『支《ささ》える』という音意があるので、「足《あし》」の音意上の語形は「有支《あし》」すなわち『存在を支《ささ》える』という語形になる。

汗〔あせ〕（アセ）
人間は仕事などに没頭して精を出すと、体内から水分が競り出すように『出現』して『存在』している。すなわち、語形は「有競《あせ》」または「有精《あせ》」ではないだろうか。

雨〔あめ〕（アメ）

「あめ」のア音だが、これは『出現』ということではないだろうか。すなわち、天界地上界で言えば「天の位置に出現」ということになる。

次に「あめ」のメ音だが、これは南九語特有の約音化語法で考察すると、その語法で「まい」は集約して「メ」と発音するのでその音節が考えられる。すなわち、「マイ」を「メ」と言うのだが、参考までに漢字を充ててみると「舞《まい》」が「舞《メ》」となる。現在でも同方言では「舞《まい》」のことを「メ（舞《メ》）」と呼んでいる。

これらの語法から考察して「雨」の語形は『有舞《アメ》』もしくは『天舞《アメ》』ではないだろうか。すなわち、水蒸気が天界に『出現』して『舞』をするという天然現象が「雨」である。古代人たちは雨乞いの風習に見られるように、「雨《あめ》」のことを「天上の舞」という形で表現したのではないだろうか。

明日〔あした〕（アシタ）

「明日《あした》」の語形は『進出している下《した》』となる。すなわち、下《した》とは次の順番ということだから、今日の次の日は「有下《アシタ》（存在の下《した》）」となるのでこれが「明日《あした》」という言葉遣いになる。

開ける〔あける〕（アクッ、標訳してアクル）

この「開《あ》ける」という動詞は下一段活用だが、南九語では下二段活用して「アクッ」と発音している活用用語もあるので標訳すれば「開《あ》くる」となる。よって、音意上の当て字は「在繰《アクル》る」が考えられる。

灯かり〔あかり〕（アカイ、標訳してアカリ）

音意上の語形は「有刈《アカリ》り」であろう。

私〔あたし〕（アタシ）

標準語では「わたし」「わたくし」というのが一人称とされている。しかし、南九語では「アタシ」か「アタイ」となる。すなわち、「ワ」と「ア」の違いである。「アタ」という言葉は『存在が最高』となる音意があるので、自分が世の中に名乗り出ることを愛でた言葉遣いではなかっただろうか。なお、語尾のシ音とイ音は人称を指す言葉遣いとなる。たとえば同方言で「良き氏《うじ》」は「ヨカシ」、「友人」は「ドシ」などと呼び、「俺」は「オイ」、「誰」は「ダイ」、「彼」は「カイ」などと呼ぶが、それぞれのシ音やイ音は人称を指していることが分かる。

英語の「アイ　アム　ア　○○（I am a…　私は○○である）」にしても、これらの単語の発音のなかでアと発音した部分はすべてア音の音意があると考えられる。

イ

音の音意

「イ」とは、存在している象体が、一点に集中していることを表現した音意があると考えられる。すなわち、『著《いちじる》しい』『一極集中』ということである。他とは異なって目立つということでもある。

このイ音は母音で口唇を最大限に横の方に引っ張った形で発音するので「横型限母音」と名付けた。

語例

威〔い〕（イ）

「威」とは他の象体を圧する力が『著《いちじる》しい』ことを表現した用語である。すなわち、イ音は音意通りの意味をもった用語である。

一〔いち〕（イッ、標訳してイチ）

「一」のイ音も『著《いちじる》しい』象体を表現していると考えられるので音意通りの用語である。

岩〔いわ〕（ユワ）
「岩《いわ》」の音意上の語形は『著《いちじる》しく』『輪《わ》した（ワ音の項で説明）』となる。すなわち、鉱物結晶体を表現した用語であることが解る。南九語では「岩《いわ》」を「ユワ」と呼んでいる。音意でみれば『結うように（ユ音の項で説明）輪《わ》した』となるから同じような表現方法である。

家〔いえ〕（イエ）
音意上の語形は『著《いちじる》しく会《え》する』となる。それが「家」の語源だろう。

厳めしい〔いかめしい〕（イカメシ）
音意上の語形は『著《いちじる》しく構《かま》う』となる。すなわち、「威構舞《イカメ》しい」という語形が「厳めしい」という言葉遣いを生んだと考えられる。
同じく「烏賊《いか》」という軟体動物だが、海中で墨を吐いて相手を脅す厳めしい姿を古代人たちは擬観で捉えて「厳《いか》」、すなわち、「烏賊《いか》」という語法が生まれたと思う。

息〔いき〕（イキ）
音意上の語形は『著《いちじる》しい気』が「息《いき》」の語源だと考えられる。「気《き》」は純粋で穢れなきものを指した音だから キ音には「生《き》」を充ててもいいと思う。

池〔いけ〕（イケ）

古代において池が作られた理由は、一ヵ所に魚類を寄せ集めて飼うのが目的ではなかったかと思われる。すなわち、「池」の語形は『著《いちじる》しく飼《か》い』である。南九語では「飼い」は母音集約して約音化発声で「ケ」と発音するので、「著飼《いか》い」は「イケ」と発音する。このイケが「池」の語源につながったと考えられる。

石〔いし〕（イシ）

石のイ音は「岩」の項でも説明した『著《いちじる》しい』状《さま》を表現した用語である。シ音は「掘り下がって事を成す」という音意があるので「石」とは『著《いちじる》しく固まって支《つか》える』という語法に考えられる。

なお、南九語ではどんな仕置きを受けても口を割らない頑固な人間を「石」の硬さに喩えて比喩で「イシ」と呼んでいた。その裏の意味では「裏切らない」という意味も込められていたようである。また、「唖《おし》」のことも同方言では「口を割らない」ということで「イシ」と呼んでいたのである。

衣裳〔いしょう〕（イソ）

南九語では「衣装」のことを「イソ」と呼ぶ。音意上の語形は『著《いちじる》しく添《そ》う』ということで「身体にぴったりと添《そ》っている」となる。よって、「威添《イソ》」と書いても間違いではない。これが「衣裳」という言葉を創り出したのではないだろうか。

板〔いた〕（イタ）

古代において、一枚の平らな板を作り出すことは当時の工具では大変な難儀事だったと考えられる。よって、古代の生活で板の上に胡坐《あぐら》をかくということは地位上級者に限られたことではなかっただろうか。音意上の語形は『著《いちじる》しき最高の坐《くら》』である。夕音は後述。

南九語では「胡坐《あぐら》」のことを「イタグラ」と呼び、語形は「板坐《イタグラ》」となるので、古代においては地位上級者の座り位置を指した用語と考えられる。

異な〔いな〕（イナ）

この言葉遣いは辞典では「変わった点・普通とは違う怪しいことや優れていること・正統ではないこと」とされている。しかし、別の観点から考察すると、他のものとは著《いちじる》しく異なっていることを表現した用語だから「威《イ》な」という当て字でもよかったと思われる。

今〔いま〕（イマ）

「今《いま》」の音意上の語形は『著《いちじる》しく存在している現実の間《ま》』ということになる。マ音は後述。

英語で「イット　イズ　ア　〇〇（it is a …）」にしても、単語のなかでイと発音した部分はイ音の音意があると考えられる。

ウ音の音意

「ウ」とは、存在している象体が、他とは異なって広がりや数が多いという音意があると考えられる。すなわち、『大きい』『多量』『拡がり』という音意である。

このウ音も母音で口唇を最大限に縦に引っ張る形（実際は口唇をすぼめて突き出す形になる）で発音するので「縦型限母音」と名付けた。

語例

宇〔う〕（ウ）

「宇《う》」は「四方の果て・心の大きさ」のことと辞典で説明されている。その通りで、「ウ」は『巨大』『多量』を表現した音の用語ではないだろうか。

多い〔おおい〕（ウカ）

形容詞の「多い」を南九語では「ウカ」と言う。活用は「ウカ・ウケ・ウコ（標訳すると、多《ウ》カア・多《ウ》カイ・多《ウ》カウ）」となるが、この用語も『多量』を表現した用語になる。

上〔うえ〕（ウエ）

古代人たちは上を見上げて「大きな状《さま》＝空《そら》」が拡がっている現象を「うえ」という音《おん》で表現したのではなかろうか。すなわち、『拡がりに会《エ》する』という語形になる。エ音は後述。

打つ〔うつ〕（ウツ）

「打《う》つ」という行為は音意から考えて『拡がり』という語形が考えられる。語例を挙げれば、「新事業に打って出る」「手を打つ」「広告を打つ」「碁を打つ」「矢を打つ」「網を打つ」「舌鼓《したづつみ》を打つ」「胸を打つ」などである。すなわち、これらの「打つ」には『拡がり』という意味があるのではないだろうか。

氏〔うじ〕（ウッ、標訳してウヂ）

「氏《うじ》」は標準語で通常は「うじ」と仮名が振られている。もし、それであれば南九語では語尾の「ジ音」は歯擦音発声となるので「ウシ」と発音しなければならないものを、同語は「氏《うじ》」を「ウッ」と発音している。たとえば、「氏神《うじがみ》」は「ウッガン」となる。この呼称を標訳して正しく表記すれば「氏（うじ）」は「氏（ウヂ）」となる語形ではないだろうか。よって、同語の語法を参考にして漢字を充て直してみると『大血《ウチ》』で「大きな血族の集団」を指した用語ではないかと考えられる。

美味い〔うまい〕（ウンメ、標訳してウンマイ）

この言葉の音意上の語形は『大きな真《ま》が著《いちじる》しい』となる。古代人たちは「味」や「技」などが十分な状態になると、そんな語形で表現したのではないだろうか。

なお、南九語ではこの形容詞形を「ウンメ」と表現しているが、正しく標訳すると「うんまい」となる用語で標準語とほぼ共通である。

売り〔うり〕（ウイ、標訳してウリ）

音意上の語形は『大きく拡がりを成す』ということではないだろうか。語例を挙げると、「名を売り」「ものを売り」などである。

うん〔うん〕（ウン）

この感動詞は承諾や肯定を意味した用語として使われている。すなわち、事の『拡がりや多数』を承諾として発する感動詞だから音意通りの造語だと考えられる。

南九語でもまったく同じで、日常的に使われている用語であるが、ときには面白半分に

「ウンダモ　シタン」などの言葉遣いを相手におくって試し聞きをする場合などがある。この用語は標訳して「うぬだも　知らぬ」とされているが、文法上は「うむだも　知らぬ」が正しいのではないかと考えられる。

嘘〔うそ〕（ウソ）

「嘘《うそ》」とは、無いことを有るように話すことが「嘘《うそ》」である。この言葉遣いを南九州市門村《カドムラ》に伝わった風俗から解明してみると面白い事実が浮かび上がってきた。同地方でも「嘘」は「ウソ」と言うのだが、「口笛」のことも「ウソ」と呼び、「大きな生糸」も「ウソ」と呼んでいる。なぜ、「嘘」「口笛」「大きな生糸」をウソと言うのかその語源を追跡してみよう。

同地では、蚕から生糸《きいと》を取るのに糸車（糸機《イトバタ》）を用いるのは日本伝統の様式通りであるが、万が一、糸車が手元になかったりすると間に合わせの手段として、古くからの習慣で蛹繭《さなぎまゆ》を口に含んで唾液と体温で繭《まゆ》を口のなかでころころと回して溶かしながら、生糸《きいと》を吹き出していたそうである。この風習は昭和初期の頃まで同地では慣習的に行われていたと伝えられる。その作業で唇を小さくすぼめて息を軽く吹きながら繭を浮遊させて生糸《きいと》を引き出していたそうだが、その生糸《きいと》を同地方の方言では「ソ」と呼んでいたそうである。適当な漢字を充てれば「維《ソ》」か「素《ソ》」になる。日本語古名の「麻《ソ》」もこれに準じた呼び名であろう。この作業ではなるべく唇をすぼめて細い維を吹き出さなければならないが、ときには、わざと「大きな維《ソ》」を吹き出してやろうとして、面白半分に唇を少し広げて吹き出してみても「大きな維」は取れない。同方言では「大きな維《ソ》」を「大維《ウソ》」と呼んでいるのだが、いくら吹き出してみても繭からは「大維《ウソ》」は取れない。だから、昔の人たちは「大維」を吹き出そうとする唇は恰好ばかりで何も取れないのだから、それを擬観にして口から出まかせで何も取れないことを、それに引っ掛けて「大維《ウソ》」、すなわち、「嘘《うそ》」と言い出したのではないかとこの風俗から考えられる。

また、この「大維《ウソ》」を吹き出す恰好の唇では「大きな維《ソ》」は取れない代わりに、吹き出てくる音は口笛（鳴音）ではなかっただろうか。だから、同方言では口笛のこともウソと言い出したと考えられる。関連の神話でも聴かれる「嘯く（うそぶく）」という言葉遣いの出自も同根で「口笛吹《ウソブ》く」の語法からきたのではないかと思われてならない。

ところで、「嘘」は標準語の語法では「嘘をつく」と「つく」の動詞で受けて用いられている。「一息つく」の語例から分かるように、深い息をして吐き出すことを「吐《つ》く」と表現しているので、その用語遣いからきた言葉遣いではないだろうか。しかし、同方言では「嘘をひる」という言い方をしているので「ヒル（放《ひ》る）」という動詞で受けている。「ヒル」のヒ音の音意については後述のヒの項でも説明するが、要は「誹《ひ》」または「鄙《ひ》」である。

ところで、同方言の訛り言葉が最近まで聴かれていた南九州市域門村《カドムラ》の伝統では、屋外脱穀で手流しの籾《もみ》分け仕事をするときに、風を呼ぶために口笛（ウソ）を吹く習俗が昭和三十年代まで根強く伝えられていたのである。これも「ウソブク（嘯く）」の語源に起因した慣わしではないかと考えられてならない。というのは、同地の一口噺《ひとくちばなし》で「神様たちが村を通り過ぎると、必ず威張り散らし、口笛《ウソ》を吹《フ》きながら（嘯《ウソブ》きながら）通り過ぎ去って行くので、そのとき禍の風が起こる」と言い伝えられていたものである。しかし、秋の収穫期ともなれば、神様たちの嘯《ウソブ》く禍を恐れながらも「村はずれの野畑ならいいだろう」ということで、風を呼ぶためにわざとあちこちの野畑では、「ピーピー」と口笛（ウソ）を吹いていたものである。

しかし、夜中になってからは神様たちの禍の風を避けるために、どんなことがあっても村のなかでは口笛を吹いてはならないと厳しく諭されたものである。

＊『日本書紀』の一書によれば、山幸彦・海幸彦の争いの件《くだり》で海神《わだつみ》が山幸彦に海幸彦成敗の戦術を教えるのに「兄君の海幸彦が海に入りて釣《つり》せむ時に、天孫《あまつまご》の弟君である山幸彦様は海辺《うみのへ》に在《ま》して、風招《かぜまねき》を作《つく》り給うべし、風招《かぜまねき》は、すなわち嘯《うそぶ》きなり。如上《かくのごとく》なせば、吾《われ》はおきつ風《かぜ》、辺《へ》つ風《かぜ》を起し、奔波《はやなみ》を以ちて海幸彦を溺《おぼろ》し悩《なやま》さむ」の記述がある。この「風招《かぜまねき》の嘯《うそぶ》き」の作戦によって山幸彦は大勝利しているのだが、この「嘯《うそぶ》きの神話」こそ同地門村《カドムラ》に

伝えられた「口笛吹き（ウソブキ）で禍の風を起こす」習俗と出自は同じではないかと考えられてならない。

というのは、同門村《カドムラ》には山幸彦・海幸彦、それに関連して山幸彦の后にあたる豊玉姫、敗者になって名を阿多の君に改めた海幸彦などを裏付ける幾つかの伝説や風俗が伝承されているのも気になる風俗である。

海〔うみ〕（ウン、標訳してウミ）

沖に立って広い海を見渡した用語が「海《うみ》」となる。南九語を参考にして音意で漢字を充てると「大見《ウミ》」となる。古代人はあの拡がった景色を見て「ウミ」と呼んだのであろう。

英文単語の「ウィ（we　我々は）」「ウォーター（water　水）」にしても、単語のなかでウと発音した部分はウ音の音意があると考えられる。

エ

音の音意

「エ」とは、モノとモノとが会うという音意があると考えられる。すなわち、『会《エ》』である。二つ以上の象体が『接合』することだが、離そうとすれば容易に離れる関係が『接合』である。

このエ音の母音で口唇をア音とイ音の中間位にもってきて発音するから「約母音」と名付けた。

南九語の語法でもア音とイ音、および、オ音とイ音が連音になると集約してエ音で発音する語法（ai→e）（oi→e）がある。これを約音化として解説する場合もある。

語例

会〔え〕（エ）

「会」はモノとモノが「会う」の語法で『接合』することだから音意通りの語形になる。

また、「会い（アイ）」という用語は南九語で約音化発声で「エ」と発音するので「あい」と「え」は同一の言葉遣いとなる。共通語でいう「会釈」を「えしゃく」、「会得」を「えとく」、「会衆」を「えしゅ」などと言うのも出自は同一の語法と考えられる。

柄〔え〕（エ）

鎌や箒《ほうき》の「柄」は、本体に『接合』してはじめて道具としての機能を発揮する。すなわち、柄は『会《エ》』で音意通りに『接合』の働きをしている道具である。

良い〔よい〕（エ、標訳してヨイ）

南九語の語法で「良い」は「エ」と発音する。すなわち、約音化の語法である。このエ音も音意上は『接合』という意味合いがあると考えられる。

絵〔え〕（エ）

ものの形象を描いて、それに『会《エ》する』ことが「絵」である。

駅〔えき〕（エッ、標訳してエキ）

「駅《えき》」という言葉遣いは律令制にも登場しているから日本語としてはかなり古い用語になる。古代における運輸を司った「駅船」「駅馬」「運び人夫」などが集中的に常駐していた場所が「駅《えき》」で、人々が集中した場所だったと思われる。とすれば、『会《エ》』という現象が集中した場所だから音意上の語形は「会機《エキ》」となる。キ音は後述。

これが後世に「駅《えき》」という文字が充てられたのではないだろうか。

餌〔えさ〕（エ）

鳥獣虫魚の類を飼育するために施す食物を「えさ」と言う。南九語では「エ」と言う。「餌付《えづ》け」の「え」である。いずれにしても「餌《エ》」とは音意上『会《エ》』のことになる。参考までだが、同語では魚釣りなどで誘《おび》きのために用いる騙《だま》し餌《えさ》を「エド」と呼んでいた。

恵比須〔えびす〕（エベシ）

「恵比須《えびす》」は「夷《えびす》」とも表記されている。辞典によれば「恵比須《えびす》」は七福神の一人で漁業を司った神とされ、鯛を釣り上げる姿で描かれた絵が有名である。一方、もう一つの「夷《えびす》」の方は蝦夷《えみし》の転で蝦夷《えぞ》と同じとされ、未開の地、田舎人、荒々しい武士などの意があると解説されている。

ところで、南九州の南薩摩地方ではエベシ様《サン》と呼ばれた海の名主（頭領）の伝説が根強く伝えられ、特に海岸地方の漁村では昭和初年代の頃まで魚を釣るときは「エベシ様《サン》」と大声で禱《いの》り言葉をかけてから釣りをするのが伝統のしきたりとされていた。このエベシ様が、もしかすると標準語体で伝えられる「恵比須《えびす》」のことではないかと疑われてならない。この「エベシ」の語形を南九語の語法で検討して別の言葉を充て直せば「会返事《エベシ》」あるいは「良返事《エベシ》」ではないかと考えられる。同語では「返事《へんじ》」のことを「ヘシ」と言うのだが、畏まって良《エ》い返事をすることを「エヘシ」、すなわち、転濁で「エベシ」と言うのだが、現在でも日常的に使っている用語である。

この「ヘシ」の語形を音意で解明すれば『這いつくばって仕える』ことを表現した用語だから、別の漢字で書けば「這仕《ヘシ》」になる。よって、良い返事は「エベシ」となるが、この言葉遣いに関連していると思われる神話がある。

それは『古事記』神話に登場している海浜の国を治めた神様だが、「国譲《くにゆず》り」の領土争いで岩戸王朝使者に抵抗することなく、「国を差し上げる」と良い返事（エベシ）をして青柴垣《あおしばがき》に身を隠された大国主命《おおくにぬしのみこと》の息子にあたる八重言代主《やえことしろぬし》の神が浮かび上がってくる。

（この考証の詳細については別冊『古事記新解釈』を参照）。

笑み〔えみ〕（エミ）

人と人とが会うと好ましい感情を得るため「笑《え》み」の表情で接するのが通常の行儀である。すなわち、別の漢字で書けば『会《エ》み』になるのではないだろうか。

選ぶ〔えらぶ〕（エラブ）

「選《えら》ぶ」という行為は、自分の都合に合わせたものを『接合』させる行為だから、別の漢字で書けば「会《エ》らぶ」となる。

鰓〔えら〕（エラ）

魚類や軟体動物などは水中で酸素を取るために呼吸器官を大きく広げるためその場所を「鰓《えら》」と呼んでいる。ラ音には『拡大』という音意があるから、「鰓《えら》」という言葉遣いの原形は『会《エ》羅《ラ》』と考えられる。

また、このような面構えの人間は「えらぶっている」などとも表現するから「偉《えら》い」というような言葉遣いも生まれたのではないだろうか。

縁〔えん〕（エン）

「縁《えん》」とは、人と人とが接合して触れ合うことを表現した言葉だから音意上の原形は『会《エ》む』が考えられる。それを南九語で発音すれば「エン」になるが、「縁」のことでもある。

英文単語の「エアー（air　空気）」「エース（ace　名手）」にしても、単語のなかでエと発音した部分はエ音の音意があると考えられる。

オ音の音意

「オ」とは、モノとモノとが「合う」ことで読みは「おう」となる。「合」でもある。意味は二つ以上の象体が『合体』することを意味した音意になる。前述のエ音が音意は『接合』であると解説したが、それは離そうとすれば簡単に離れる関係であるのに対し、オ音の『合体』は離そうとしてもなかなか離れない関係をいう。なお、『合体』はその力強さから『抜きん出た』という音意もあると考えられる。

このオ音は母音である。そして、南九語の語法ではア音とウ音、オ音とウ音が連音になると集約してオ音で発音する語法（au→o）（ou→o）がある。この集約した約音発声の母音を「約母音」と名付けた。

語例

緒〔お〕（オ）

「緒《お》」とはものとものとをしっかりと結びつける紐を表現した用語である。すなわち、二つのものをしっかりと『合体』させることで、それを「オ」と表現した言葉となる。

帯ぶ〔おぶ〕（オッ、標訳してオブ）

モノを「帯ぶ」姿とは、二つのモノとモノが『合体』していることである。すなわち、「帯ぶ」とは荷物を帯びているにしても、名門の名を帯びているにしても、その姿は周辺より抜きん出ている『合体』を意味する存在になる。

ところで、南九語では「名を帯びる」頭首のことを「帯名《おびな》」と呼んでいるが、この「オビナ」を実際に発音するとビ音は撥音転化するので「オッナ」となる。同地の門村《カドムラ》では氏本家の系統者を現在でも「オッナドン」と呼び伝えているが、漢字を充てると「帯名殿《オビナドノ》」になる。もしかすると、この言葉遣いは後世になって「置名殿《おきなどの》」とも解されて、すなわち、「翁殿《おきなどの》」という言葉を創り出したのではないだろうか。

下りる〔おりる〕（オジッ、標訳してオジル）

南九語では「下りる」という動詞は「オジル（標訳しておりる）」と言う。同語で「ジル」という語句はやや強引に行う行使（ジ音参照）を表現するときに用いる語句である。「齧《かじ》る」「混《ま》じる」「穿《はじ》る」などの「じる」も同源の用語遣いとなる。これからして、同語の語法でオジル（下りる）に漢字を充てると「合辞《オジル》る」となる語形である。すなわち、『合体（合《オ》）している立場から辞る動きを行使する』という意味合いの語法になる。

音〔おと〕（オト）
「音《おと》」という言葉は、音意上からみると『合体が一極集中』という語形になる。

終わり〔おわり〕（オワイ、標訳してオワリ）
「終《お》わり」の語形は『合体の現象を割る』となる。すなわち、お終《しま》いということになる。

負う〔おう〕（オ）
「負《お》う」とは身に背負うことを表現した言葉である。すなわち、『合体』のことである。「荷を負う」の「負《お》う」のみでなく、社会生活では「責任を負う」とか「役目《やくめ》を負う」というように「負《お》う」にはいろいろな用語遣いがある。
南九語ではこの「負《お》う」という動詞を約音化で「オ」と発音する。これが「長《おさ》」「親《おや》」「御《おん》」などの言葉遣いを創ったと考えられる。

王〔おう〕（オウ）
最高地位の人を表現した用語である。すなわち、「全責任を負う」という立場の人を指した用語である。「皇」という文字も「おう」と読まれているが同義である。

置く〔おく〕（オク）

「置《お》く」という動詞がある。辞典でも説明されている通り標準語ではいろいろな用法が解説されているが、発音は「おく」の一通りしかない。

ところが、南九語ではこの動詞を二通りの発音で使い分けている。すなわち、「オク」と「ウェク」である。

まず、一つ目の「オク」であるが、標準語と同じく「大切に保存してそのままにする」「ものの上に載《の》せる」などの用語遣いとして使われる。すなわち、ものを大切に扱う場合は「置《お》く」の動詞を用いるのである。音意上の語形は『合体』と考えていいのではないだろうか。

ところが、南九語ではただ単に物を適当な場所にポンと「置く」場合は「ウェク」という動詞を用いるのである。活用は「置く」と同じように四段と下二段に活用している。この「オク」「ウェク」という二通りの使い分けの動詞には古語の文法を偲ぶことができる。

折る〔おる〕（ツッグォルッ、標訳してツキグォルル）

「折《お》る」という動詞がある。この用語の意味については辞典で詳しく取り上げているので省略するが、標準語と南九語ではやや意味違いがあるので取り上げてみた。

たとえば、棒状のものを力を込めて曲げると、グニャッと曲がる場合と、ポキンと二つに割れる場合がある。標準語では共にこれを「折る」の動詞を用いて「棒が折れ曲がる」「棒が折れる」と表現する。南九語でもグニャッと曲がった状況では標準語と同じように「棒が折れ曲がる（棒ガオレマガッ）」と表現する。すなわち、下二段活用の語形で動詞「折れる」からきた語法である。

ところで、南九語では棒が二つに割れてバラバラになってしまうと「折る」の動詞は用いず「棒ガ　ツッグォルッ」と表現する。標訳すると「棒が　ツキグォルル」となる語形になる。標準語に準じてあえて漢字を充てると「衝き毀《ツッグォ》るる」となる語形になる。そして、さらにこの割れたものが、グヮラグヮラに崩壊した場合は南九語では「ツッグヮルッ」と表現し、これにあえて漢字を充てれば「衝き壊《ツッグヮ》るる」となる語形である。

これらの語法から考えて、南九語でいう「折る」という動詞の用法は辞典で解説される「二つにものが割れて本体から離す」という意味合いとは少し違い、二つのものを引き離さないように合わせたり畳んだりすることを意味した言葉遣いだということが分かる。すなわち、「折り重ね」「折りたたみ」「折り返し」「折り曲げる」などの「折り」で二つのものは離れずに折れたままの状態を表現した用語であることが分かる。よって、「折る」のオ音は音意通りに『合体』ということではないだろうか。

この「折る」という動詞で思いつく用法として「骨を折る」という言葉遣いがある。標準語ではこの言葉遣いに二つの意味遣いがあると解説され、一つは「精を出して働く」、もう一つは「骨折」である。よって、標準語では会話の流れで「折る」を使い分けなければならないが、南九語では「折る」は『合体』という意味合いの用語だから「精を出して働く」という言葉遣いには使うが、本当に骨がポキンと二つに割れたのであれば同語では「骨が折れた」とは表現せず「骨が衝《ツ》き毀《ゴオ》れた」と言う別の用語遣いを用いる。

落ちる〔おちる〕（オチル）

動詞「落《お》ちる」とは「ものが上から下へ落下する」ことを表現した用語だが、いろんな用法が辞典で紹介されているのでそれを参考にしてもらいたい。

ところで、南九語では「ものが上から下へ落下する」場合には二つの動詞が用いられる。まず、一つ目であるが、「天界より下界へ」「高い地位の座より下級の地位へ」などの如く、階級が落ちるような場合は同語でも「落《お》ちる、堕《お》ちる」の表現を用いる。音意上の語形は『合散《オチル》る』ではないだろうか。すなわち、「名に結びついた地位から散る」ことを表現した言葉だと考えられる。「城が落ちる」「名が落ちる」などがその用法である。

二つ目は、階級落下ではなくただ単に「上から下へものが落下する」ことを表現するとき標準語では「落《お》ちる」の用語を用いるものの、南九語ではそのような場合「ヒッチャユッ」という動詞を用いる。標訳すれば「ヒッチャユル」となる語形である。たとえば、人が縁側から落ちた場合などは南九語ではこの動詞を用いる。この語法を補正して正しく表記すれば「引《ヒキ》チ遇《ア》ユル」となる語形（下二段活用）だが、標準語に対比する言葉遣いがない。いずれにしても、南九語では「落ちる」ことを表現した用語として「オチル」と「ヒッチャユル」の二つの動詞が使い分けられて現在に至っているので注意を要する。

＊ その他、オ音ではじまる言葉には「男」「女」「おなご」「親」「俺」など興味深い用語が沢山あるが、別冊『言葉の起こり』を参照。

英語にしてもオン（on　上に）、オーダー（order　注文）などのオ音は同じ音意があると考えられる。

カ

音の音意

「カ」には対外的に力を発動するという音意があると考えられる。すなわち、『構う』ということである。

語例

嚙む〔かむ〕（カン、標訳してカム）

「嚙む」という言葉は、音意で解釈すれば『構う』という用語になる。

刈る〔かる〕（カッ、標訳してカル）

「刈る」という言葉は、音意で解釈すれば相手を徹底して『構う』ことを表現した用語になる。

勝つ〔かつ〕（カッ）

勝った立場の者は負けた相手を『構う』形で制裁するので「勝つ」という言葉の裏には

『構う』という意味合いもある。すなわち、音意通りである。

門〔かど〕（カド）

南薩摩台地の村々では先住民族伝習の氏一族（平民）家系を門《カド》と呼んでいた。その伝統的行事は今でも氏一族で盛大に行われている。この一族が大切にしている植物は松竹で、松は二本挿しの葉が夫婦としてたとえられ、その密集の姿は村にたとえられ、そして、枝は郷、幹は国にたとえられて民族の体系を形作っていると語り伝えられたものである。竹は高く伸びるので成功者としてたとえられて語り継がれた。

この二つの風習が、正月の門松として飾られるようになったのでないだろうか。

英語にしてもカット（cut　切る）、カーブ（curve　曲がる）、カール（curl　巻く）などのカ音は同じ音意があると考えられる。

キ

音の音意

「キ」の音意は『純粋無垢』ということである。

語例

生〔き〕（キ）

「生《き》」は『純粋無垢』の音意がある。この「生」が「生娘」「生酒」「生糸」などの言葉遣いを生み出したと考えられる。

貴〔き〕（キ）

「貴」は高貴を意味した用語である。古代において高貴な立場の人は「貴人」と呼ばれて『純粋無垢』な方と見立てられた用法と考えられる。

なお、南九語に「キサマ」という用語があるが、自分より目下の者に使わない言葉で、争いながらも目上の相手に投げつける言葉である。すなわち、「貴様《きさま》」という用法には尊称の意味も込められているのである。

英語にしてもキー（key　鍵）、キング（king　王様）、キャッスル（castle　城）などのキ音は同じ音意があると考えられる。

ク

音の音意

「ク」の音意は『食い込む』ということである。その力強さは『主権の行使』ということにもなる。

語例

釘〔くぎ〕（クッ、標訳してクギ）
「釘《くぎ》」は打ち込まれると『食い込む』形になるのでク音は音意通りである。

口〔くち〕（クッ、標訳してクチ）
食品を『食い込む』のは「口《くち》」だから、ク音は音意を表していると考えられる。

刺〔とげ〕（ク）南九語語例より
これは南九語の語例であるが、野いばらや山椒などの「刺《とげ》」のことを同語では「ク」と呼ぶ。人体に簡単に『食い込む』ように突き刺さってしまうから南九語の呼称である

「ク」という言い方は正しいと思われる。もちろん、同語にも標準語と同じトゲという用語はあるが、やや意味が違い尖った地形の峠《とうげ》（トゲ）や尖った丸太ん棒（トンガイボ）を指した言葉になる。だから、尖っていて人を寄せ付けないことを表現した形容詞である「とげとげしい」などは南九語でも「峠峠《トゲトゲ》し《シ》」と表現しているので同じような表現方法である。

久《く》士《し》布《ふ》流《る》多《た》気《け》（串振嶽《くしふるたけ》）（クシフッタケ、標訳してクシフルタケ）

この嶽は天孫が降臨した嶽として有名である。「クシフル」の意味はいろんな現代学説があるが、音意で解明すると『クシは神前に捧げる玉串の串』だと考えられるので、その串を振ったのに由来して『串振《くしふる》』の名称が付けられたと考えるのが正解だと思われる。

ところで、この嶽の場所は『古事記』神代記によれば『筑紫《つくし》日向《ひむか》之《の》高千穂《たかちほ》之《の》久士布流多《くしふるた》気《け》』とある。現代学説では『筑紫《つくし》』を「九州」の地名として解釈されているが、「尽《つく》し」の形容句とも受け取られる語句である。次に『日向《ひむか》』も地名で、現在の宮崎県日向《ひゅうが》市とされているが、『日向《ひむか》』は古くより「ヒユカ」と読み伝えられているので、「日床《ヒユカ》しき」の語法も考えられる。とすれば、『筑紫《つくし》日向《ひむか》』は「尽《つく》し日床《ヒユカ》しき」という形容句に解釈できるのである。

次に『高千穂《たかち》』だが、天孫降臨で有名な嶽として宮崎県と鹿児島県の県境に聳える『高《たか》千穂峰《ちほみね》』が有名である。ところで、鹿児島県南薩《なんさつ》地方の寒村（穎《え》娃《い》町、知覧《ちらん》町、川辺《かわなべ》町）に伝わる方言で「チホゴッ」という言葉が一部古老の間で使われている。意味合いは家事仕事を指した用語で漢字で書けば『千穂事《ちほごと》』となる。よって、その方言で解釈すれば『高《たか》千《ち》穂』とは「高い地位の家庭で営まれている家事仕事」となる。

次に、その南薩《なんさつ》地方で一番標高が高くて著名な嶽として「母ヶ嶽」がある。昭和以降の現在は「ハハガダケ」と呼ばれているが、この呼称はおかしい。おそらく明治以降の標準語教育によって生まれた言葉だろう。なぜなら、南九語に「ハハ」という言葉はない。伝統の同方言では母のことを「ハオ」と呼んでいるからである。

この嶽は明治時代の頃まではいろんな呼び方があったという。例えば、同地の寒村に行けば現在の古老の間でもこの嶽を「ホガダケ（母ヶ嶽《ホガダケ》）」と呼んでいるのである。別の漢字を充てれば「穂ヶ嶽《ホガダケ》」になるかもしれない。また、この嶽を祀る山麓の上郡《カングイ》氏村ではこの嶽の祭神を「オグシサン」と呼んでいるのである。どんな漢字を充てるといいのか分からないが、「お串さん」または「お久士さん」が考えられる。そして、この嶽はその氏村の一口噺で「口やかましいウンボが住んでいた嶽だからウンボガダケ」とも語り継がれていた。方言で「ウンボ」とは「祖母」のことである。となると、「祖母ヶ嶽《ウンボガタケ》」となる語形である。だからであろうか、この嶽は「ボガダケ」とも呼ばれていたという。実際に明治四年刊行の『薩隅日地理纂考総目録巻十四』では「母ヶ嶽《ホガダケ》」とルビが振ってある。

以上の方言による地名調査から現代も一部氏村で使われている「オグシサン」という母ヶ嶽祭神の名称に着目した。なぜなら、『古事記』神代記は天孫降臨の嶽を『竺紫《つくし》日向《ひむか》之《の》高千穂《たかちほ》之《の》久士布流多気《くしふるたけ》』と伝えているからである。この固有名詞である『久士布流多気』と、転濁発声ながら「オグシサン」とは共通しているので同じ嶽と考えられる。

ところで、同じ『古事記』神代史を研究していた父親はこの『久士布流多気《くしふるたけ》』を薩摩半島最南西端に孤立して聳える「開聞岳」に設定して考証していたので、この点だけは父親と私との意見は食い違っていた。

英語にしてもクリンチ（clinch　組み付いて固める）、クロス（close　交叉して閉鎖すること）などのク音の同じ音意があると考えられる。

ケ

音の音意

「ケ」の音意は『囲い込む』『封じ込む』の音意が考えられる。すなわち、自らの支配下に置くということである。

語例

毛〔け〕（ケ）と髭〔ひげ〕（ヒゲ）

身体を『封じ込む』ように被さっている糸状角質形成物が「毛《け》」である。すなわち、音意通りにケは『封じ込む』働きをしている。この「毛《け》」は人間が生まれると同時に生えてくるが、時を経て青春期になると、今まで姿を見せていなかったところ（秘められていたところ）にも新たな毛が生えてくる。すなわち、「髭《ひげ》」である。大人になるまで秘められていた毛であるから「秘毛《ひげ》」となる語形ではないだろうか。

気〔け〕（ケ）

「気《け》」とは人間が生活を持続する上での見えざる力、すなわち、『封じ込めて』いる力を指した用語である。たとえば、「気《け》が見られる」などの用語遣いに使うが、その他に南九語などでは「ケが良い《エ》（運勢が良い）」という言い方もある。すなわち、ケ（気）とは生活維持のために『封じ込めて』ある力のことであるが、別の言葉で言えば「正気」「気力」のことであると考えられる。南九語ではこの「ケ」を接頭語にした用語遣いが多くみられる。

語例（接頭語ケを用いた南九語の語例）

「気《ケ》枯《か》ルル」　植物の気が枯れること

「気《ケ》死《し》ム」　生命の気が死ぬ

険しい〔けわしい〕（ケワシ）

『封じ込む』ような激しい地形を表現した言葉である。このケ音も音意通りである。

英語にしてもケア（care　介護）、ケース（case　箱・入れもの）などの単語で聴かれるケ音も音意通りの意味があって語形をなしていると考えられる。

コ

音の音意

「コ」の音意には『従属固着』を意味した働きがあると考えられる。すなわち、「かたく固める」ことである。

語例

個〔こ〕（コ）

単位を表す「個《こ》」というコの音には音意で解釈すれば『従属固着』すなわち『かたく固める』を表現した意味があると考えられる。

込む〔こむ〕（コン、標訳してコム）

「込《こ》む」のコ音には音意で解釈すれば『従属固着』した音意があると考えられる。

壊れる〔こわれる〕（コワルッ、南九語は下二段活用するので標訳してコワルル）

「壊《こわ》れる」のコは『従属固着』すなわち、「かたく固める」ことだから「硬《コ》」という漢字で表現することもできる。とすると、「壊れる」の文字の正体は「硬割れる《コワレル》」ではないだろうか。

英語にしてもコア（core　核心、包み込む）、コース（course　課程）などの単語で聴かれるコ音も音意通りの意味があって語形をなしていると考えられる。

サ音の音意

「サ」の音意は『際立った生長発展』をしている象体を表現した音意があると考えられる。

語例

燦〔さん〕（サン）

「燦《さん》」のサ音は音意で『際立った生長発展』をしている象体を表現した用語になる。

盛ん〔さかん〕（サカン）

「盛《さか》ん」のサ音は音意で『際立った生長発展』をしている象体を表現した用語になる。

鯖を読む〔さばをよむ〕（サバヲヨン、標訳してサバヲヨム）

「鯖《さば》を読《よ》む」とは昔は鯖が沢山獲れたので腐らないうちに大雑把に数を読んだ風習が語源になったとされている。でも、同じ魚でも鰯《いわし》とか鯵《あじ》なら分かるが、鯖《さば》では何だか変だ！

ところで、南九州台地（薩摩半島中央部）の寒村でも老人の間で「サバヲヨン（標訳するとサバヲヨム）」という方言の言葉遣いが伝承されていた。それによると、サバとは魚の鯖ではなく、雨上がりなどの更地に水溜りができると底部に砂地の平らな層が積もる、それをサバと呼んでいたのである。漢字で書けば「沙場《サバ》」であろう。次にヨン（標訳してヨム）だが、同方言では畑や田んぼの植え込み作業の一環として土面を均す仕事をヨン（標訳してヨム）という方言で表現していた。すなわち、均し仕事を表現した用語である。

とすれば、「サバヲヨン」とは同方言の語法では「沙場《サバ》の均し仕事をする」となる。平坦な砂地をもう一回均し仕事をするとなる。すなわち、やらなくてもいいという語法になる。この伝承が「さばをよむ」という言葉遣いを創り出したのではないかと思えてならない。

英語にしてもサン（sun　太陽）、サマー（summer　夏）などの単語で聴かれるサ音も音意通りの意味があって語形をなしていると考えられる。

シ

音の音意

「シ」の音意は『自ら掘り下がって事を成す』を表現している音であると考えられる。要約して『下位の方から上位を支える行為』としてもいい。「仕」「支」「使」などの表記がそれにあたる。

語例

下〔した〕（シタ）

「下《した》」のシ音は『自ら掘り下がって事を成す』を表現した音になる。同じ漢字遣いで「下」をしもと読む場合もあるが、この場合もシ音は同じ働きをしている。これがシ音の音意である。

閉める〔しめる〕（シムッ、南九語は下二段活用するので、標訳してシムル）

この言葉のシ音も『自ら掘り下がって事を成す』を表現している。

四股（しこ）（シコ）

辞典では『力士が土俵上でする準備運動のこと、力足《ちからあし》』のことと解説されている。ところで、南九語ではこの用語は日常的に使われていた。たとえば、「シコイ」「シコシコ」「ヨカシコ」「ドシコ」などである。共通語でも「しこたま」「四股を踏む」などがある。その「シコ」の語意は辞典では「頑迷なこと、醜悪のこと」とあるが、南九語では意味が違って「左右いっぱいの量」という語意で使われていたようである。すなわち、『左右』ということである。たとえば、牛馬を使って農作業をするとき、後から手綱を引きながら牛馬に声を掛ける合図で南九語は「左へ進め」の号令は「シッシッ……」であり、「右へ進め」の号令は「コッコッ……」であったことを思い出す。すなわち、シは左、コは右という号令であったから「シコ」は南九語で「左右」ということである。共通語の「四股《シコ》」もその語意の用語と考えられるから「準備運動」とする辞典の解釈には納得がいかない。

注連縄（しめなわ）（シメナワ）

「しめ」とは鹿児島方言でも「最終結論」というような意味合いの用語である。だから、この用語に「標」という漢字が充てられて縄などを張りめぐらした領域という意味合いでも使われている。

その標用《しめよう》の縄であるが、鹿児島薩摩地方の台地の村々の一部では伝統で現在でも必ず左綯《な》いの縄とするのが鉄則であった。というのは、言い伝えで「縄は一般的な作業では右縄でものを縛るとき、人間の習性で右側にねじって結ぶので右縄はますます右にねじれて強力になるが、反対に左縄だと習性的に右側にねじって結ぶと撚《よ》りが戻ってほどけるので左縄は用を足さない。だから、注連縄はものを縛るのが目的ではなくて標識用だから左縄とするのが村に伝わった伝統的なしきたりであった。

死ぬ〔しぬ〕（ケシン、標訳してケシム）

日本語に「死ぬ」という言葉がある。ナ行で活用する言葉としては珍しい。その他ナ行で活用する言葉として『万葉集』で「寝《い》ぬ」という言葉が紹介され、関西弁で「往《い》ぬ」という言葉が紹介されている。おそらく、ナ行で活用する言葉を動詞として使う語例がこれだけであろう。

この「死ぬ」を南九語では「ケシム」と言う。漢字で書けば「気死む《ケシム》」であろう。すなわち、音意上は『封じ込むように（ケ音）自ら掘り下がって事を成す（シ音）ム音はマ行の活用音』となる語形である。そして、南九語の最大の特色はナ行で活用する動詞はない。

＊なお、標準語においてもナ行（ナニヌネノ）の各音は否定の用語（助詞）として用いられているのである。詳細はナ行の各項目を参照していただきたい。

英語にしてもシースルー（see through　透けて見える）、シート（seat　下から支える・座席）などの単語で聴かれるシ音も音意通りの意味があって語形をなしていると考えられる。

ス

音の音意

「ス」の音意は『何も伴っていない』象体を表現した音と考えられる。すなわち、『空虚』とか『空っぽ』のことである。

語例

巣〔す〕（ス）

「巣《す》」という用語遣いは、動物の生活の場となる鳥の巣《す》や蜂の巣《す》ばかりとは限らない。たとえば、人間が生活を営む場所でもスマイ（住《す》まい＝住居《すまい》とも書く）という巣《す》である。この住居《すまい》に関連している用語遣いで、南九語では「丸《まる》」という用語を「マイ（表記すれば丸《まり》）」と発音しているのでスマイには「巣丸《スマイ》」の漢字を充てることもできる。参考までであるが、マイ（丸《まり》）とは南九語で「ぐるぐると回る＝舞《まい》」のことも指した用語になるので、「巣丸《スマイ》」、すなわち、「住居《すまい》」という語法が生み出されたとも考えられる。

とすれば、この「巣丸《スマイ》」という用語遣いが後世になって城閣の部屋を指す「本丸」「二の丸」「箱丸」などの「丸」の語法にもつながったのではないかと思われてならない。

ところで、巣《す》（住《す》）とは『空っぽの空間』のことであるが、人間を含む動物類は本能として壁に守られた空間の巣（住）のなかで安心して生活を営む遺伝子を引き継いでいると考えられる。だから、そのなかに入ることを「住《す》む」という用語で表現したのではないだろうか。

素通し〔すどおし〕（スドオシ）

遮るものがなくて見通せることを「素通《すどお》し」というので、ス音は音意通りである。

英語にしてもスイング（swing　振る）、ストレート（straight　空間を真直ぐに）などの単語で聴かれるス音も音意通りの意味があって語形をなしていると考えられる。

セ

音の音意

「セ」の音意は『競り合っている』象体を表現した音意があると考えられる。すなわち、『競る力』のことでもある。

語例

瀬〔せ〕（セ）

海や河の地形で水面と陸地が『競り合っている』接面が「瀬《せ》」である。すなわち、音意通りの用語遣いである。

狭い〔せまい〕（セメ、標訳してセマイ）

象体が『競り合っている』状態を「狭《せま》い」と表現するのでセ音は音意通りである。

英語にしてもセット（set　選ばれた組合せ）、セント（saint　競る力を持った聖人）などの単語で聴かれるセ音も音意通りの意味があって語形をなしていると考えられる。

ソ

音の音意

「ソ」の音意はモノとモノとが『添っている』形を表現した音意があると考えられる。

語例

添〔そ〕（ソ）

モノとモノとが『添っている』ことを表現した動詞が「添《そ》う」である。すなわち、ソ音は音意通りの語形となる。この二つのモノがぴったりと添うている接触面は見る方向によっては（脇目）一つの接触線の形状となる。その接触面（傍目には接触線）は直線であったり曲線であったりと色々な形をなしている。たとえば、人間が動物を腕のなかに抱いたとしても、その接触面は動物の表皮と人間の肌面の間は一つの接触線となって複雑な形状をなした糸状の筋《すじ》（線）になって見える。その接触面（接触線）が『添（ソ）』である。

関連した用語遣いとして、「磯《いそ》」という用語があるが漢字を充てると「著《イ》添《ソ》」と考えられる。語形は「陸面と海面が著しく添っている」となる用語ではないだろうか。

其処〔そこ〕（ソコ）

代名詞である「其処《そこ》」のソにしても「添う」ことであるから、ソ音は音意通りの語形となる。

蕎麦切り〔そば〕（ソバキィ、標訳してソバキリ）

タデ科一年草である。実《み》は挽《ひ》いて蕎麦切りの原料となる粉にする。

この植物を標準語では「そば」という。しかし、南九語では「ソマ」と呼んでいる。そして、粉にすると「ソマンコ（そまの粉）」、食べ物に加工すると蕎麦がきは「ソマゲ」、蕎麦団子は「ソマンダゴ」などと呼ばれる。すなわち、南九語では全て「ソマ」と呼んでいるのである。ところが、麺にした蕎麦切りだけは「ソバキィ」となるのである。この「ソバ」について父は少年の頃（明治時代）その名の由来を祖母から聞いたそうである。伝統的南九語の語法で蚕《かいこ》の繭《まゆ》から生糸《きいと》を取るとき、糸車を使わずに間に合わせの手段で繭を口に含んで、唇をすぼめころころ回しながら繊維の糸を吹き出していたという。その繊維の糸を南九語で「ソ」と呼んでいたそうだ。あえて漢字で書けば「素」である。包丁が貴重であった時代、その「素《ソ》」を糸刃にして平たくのばした練りソマを麺状に切り出していたという。すなわち、「素刃《ソバ》」である。現代でもゆで卵を飾り切りするときの糸が「素《ソ》刃《バ》」である。その「素刃《ソバ》」を使ったソマ麺造りだから「素刃《ソバ》切り」と呼んでいたのであろう。

なお、この作業のとき昔の人たちは冗談半分に「大きな素を吹き出してやる」と言って、わざとすぼめた唇を少し大きく広げて吹いていたと伝えられているが、口先だけで大きな素《ソ》は取れない。南九語では「大きい」という形容詞は「大（ウ）」という用語で表現するが、「大きな素《ソ》」は「大素（ウソ）」となる。この口先だけで取れもしない冗談から生まれた大素《ウソ》の風習が「嘘《うそ》」という言葉遣いを創ったと考えられる。そして、すぼみを少し広げた唇から飛び出してくるのは結局は「口笛」だけである。だから、南九語では口笛のことも「ウソ（口笛）」と呼んでいるのである。

なお、大麻《たいま》・楮《こうぞ》のような植物から取れた繊維も「素《ソ》」と呼んでいたそうである。

英語にしてもソーイング（sewing　縫い合わせの作業の裁縫）、ソファー（sofa　添い休みする家具）などの単語で聴かれるソ音も音意通りの意味があって語形をなしていると考えられる。

タ

音の音意

「タ」はその属の『最高の形』を表現する音意があると考えられる。階位で言えば『最高位』のことである。

語例

高い〔たかい〕（タケ、標訳してタカイ）

「高《たか》い」の夕音は『最高位』を表現した音と考えられる。よって、「たかい（南九語は夕ケ）」という形容詞は『最高位に構《かま》える』ことを表現した語法であろう。だから、同じ発音の竹も『最高位に構《かま》える』を意味した植物として扱われている。

たお〔たお〕（タオ）

高い峠道を「たお」と呼んでいる。よって、夕音は『最高位』オ音は『抜きん出た』を表現した音であるから音意通りの言葉である。

玉〔たま〕（タマ）

「玉《たま》」のタ音とマ音は『最高位の真実（マ音参照）』を表現しているので音意通りである。

食べる〔たべる〕（タモッ、標訳してタモル）

「食べる」という言葉は標準語である。しかし、南九語では滅多に聴かれない。なぜなら、同語で「食べる」という用語遣いは「べったりとへばりついて（べ音参照）舐めて食する」という意味遣いの用語になるから、両手とも使えない後ろ手の罪人とか、犬猫などの食事に用いる言葉であったからだ。南九語では「食べる」に代わって「タモル」という伝統の言葉遣いが一般的であった。漢字で書けば「食盛《タモ》る」となる。

英語にしてもターゲット（target　標的）、タイトル（title　肩書き）などの単語で聴かれるタ音も音意通りの意味があって語形をなしていると考えられる。

チ

音の音意

「チ」の音意はモノとモノとが『着体接触』している形を表現する音意があると考えられる。すなわち、『着体接触』とは二つ以上の象体はお互いに身体を接触させて一体に見えているが、離そうとすれば離れる関係を指した音である。

語例

血〔ち〕（チ）

「血《ち》」は身体のなかにあって身体と一体不可分の体系に思えるが、怪我をした時などには出血して体外に血《ち》だけが容易に流れ出してしまうので、血《ち》そのものは骨や肉とは完全に分離していることが分かる。よって、血《ち》とは身体の一部を形成しているものの「身体と一体合致」の形ではなく、ただ、単に「身体に付《つ》いている」象体であるから『着体接触』している生体となる。すなわち、チ音の音意通りである。よって、「血《ち》」とは離れようと思えば離れることのできる『着体接触』の生体でありながら、身体の生命を司る重要な生体であるから、『本質・本統』の意味もあると考えられる。すなわち、『血統』のことにもなる。

付く〔つく〕（チッ、標訳してチク）

標準語で「付く」「着く」「就く」……という動詞があり、「ツ音」で発音しているので後述のツ音で取り上げるべきだが、南九語ではすべて「チク（chiku）」と「チ音」で発音しているのでこの項のチ音で取り上げてみた。とすれば、チは「血《ち》」と同じ意味合いの用語になるから「チク」とは『着体接触して食い込む（ク音参照）』ということになる。

誓う〔ちかう〕（チコ、標訳してチカウ）

「誓《ちか》う」のチ音は『着体接触』して交わされる心情を表現した語形が考えられるからチ音は音意通りである。なお、カウとかコ音には『支《か》う』の音意が考えられる。

英語にしてもチーム（team　集結した組織）、チャンス（chance　好機）などの単語で聴かれるチ音も音意通りの意味があると考えられる。

ツ

音の音意

「ツ」の音意はモノとモノとが一体不可分の形で『合致合体』している形を表現する音意があると考えられる。すなわち、『一体合致』のことである。

前述のチ音の音意が『着体接触』で離そうと思えば簡単に離れる関係であるのに対し、ここで述べるツ音の音意は『一体合致』の状態であるから離れにくい関係になる。

語例

月〔つき〕（ツッ、標訳してツキ）

「月《つき》」と地球は『一体不可分の関係』にある天体である。すなわち、『一体合致』の関係にあるが、別の見方で輝きの天体として捉えた場合は地球から見て太陽系の中核で輝いている一番目の天体は恒星の「日」であり、次の二番目に反射しながらも輝く天体は衛星の「月（南九語ではツッと促音）」である。古代人の考え方であったのだろう。

ツ音に関連した言葉遣いで「次《つぎ》」という用語遣いにしても一番目のものにつながっている二番目の現象が「次《つぎ》」である。南九語ではこの「次《つぎ》」もツッと促音で発音する。とすれば、「月《つき》」も「次《つぎ》」も共に同じ発音でツッと呼んでいるので一番目につながった二番目という意味合いになる。すなわち、『一体不可分の関係の天体＝一体合致』ということになる。

連れ〔つれ〕（ツレ）

『一体合致』の形で人間同士が手をつなぐ恰好で行動することを「連《つ》れ」と呼ぶ。すなわち、このツ音も音意通りであろう。

英語にしてもツアー（tour　組みになって行動する組織）、ツイン（twin　組み）などの単語で聴かれるツ音も音意通りの意味があって語形をなしていると考えられる。

テ

音の音意

「テ」の音意は『最優秀な働きをする形状』を表現する音意があると考えられる。

語例

敵〔てき〕（テッ、標訳してテキ）

「敵《てき》」という用語は標準語では「自分に害をなすもの」の意味合いで日常的に使われている用語である。ところが、南九語ではそんな意味合いで使われている「敵」という用語はまったく無い。そんな意味遣いの用語では「賊《ぞく》（ゾ音参照）」を用いるのが伝統の語法であった。よって、南九語でテッ（敵）と言ったら「自分と突っ張り合う相手」という意味合いで使う用語で、どちらかと言えば相撲などで好勝負をする相手である「好敵手」のことを指した用語遣いである。すなわち、この用語のテ音も音意でみれば『最優秀な働きをなす』となる語法になる。

点〔てん〕（テン）
「点《てん》」のテ音も音意通りに『最優秀な働きをなす（＝注）』ことを表現した語形になる。

英語にしてもテスト（test　選抜）、テクノ（techno　技、技術）などの単語で聴かれるテ音も音意通りの意味があって語形をなしていると考えられる。

＊　伝統的な用語である「天（てん）」「手（て）」「照る（てる）」などのテ音は標準語では「te」と発音する。しかし、南九語ではこれら用語のテは「チェ」と発音する。「che」である。すなわち、「テ」と「チェ」を使い分けているのである。よって、次頁でチェ音についても説明してみよう。

チェ

音の音意

「チェ」の音意は『本統本質を発揮』となる。すなわち、『本性の顕示《けんじ》』ということでもある。

語例

天〔てん〕（チェン）

「天《てん》」のことを南九語では「チェン」と言う。このチェ音も『本性の顕示』である。天は大空に広がる大空間であるが、この場所で太陽は『本性の顕示』をなして照り輝いている。よって、「チェン」という言葉には擬観で『最高権力の顕示』となる意味もあったと考えられる。この擬観の用語遣いが日本の神話で「天《てん》」は「あま（音意で有真《アマ》）」とも呼ばれて「天津日高《あまつひだか》」「天津神《あまつかみ》」「天照大御神《あまてらすおおみかみ》」などの尊称が生まれたと考えられる。

手〔て〕（チェ）

「手《て》」のことを南九語では「チェ」と発音する。よって、手《て》がチェであるとすれば音意上の語形は『本性の顕示』となる。すなわち、心の顕《あらわ》のままに動く五体の部位が「手」である。たとえば、「あの手この手」とか「手をつける」などの語法にしても、言葉の意味は『本性の顕示』を表現した用語遣いとなる。

照る〔てる〕（チェッ、標訳してチェル）

「照《て》る」のテ音は南九語ではチェ音を用いて「チェッ（照る）」と発音する。よって、太陽が『本性の顕示』をなして輝いている形を表現した用語遣いになる。この「照る」の姿を擬観で顕《あらわ》にできる立場の方、すなわち、「天界を照らしている方」とは古代社会で最高位の地位にあり、その方に捧げられた用語が「天照大御神《あまてらすおおみかみ》」ではなかったかと考えられる。

参考までであるが、「寺《てら》」にしても同語では「チェラ」と言うので語形は「照ら」となり、「人徳を照らす」となる語法であるから『本性の顕示』の場所となる。

英語にしてもチェック（check　点検）、チェンジ（change　交替）などの単語で聴かれるチェ音も音意通りの意味があって語形をなしていると考えられる。

ト

音の音意

「ト」の音意は『一極集中』している象体を表現する音意があると考えられる。

語例

戸〔と〕（ト）

「戸《と》」には玄関戸・入り戸口・窓（間戸）などがある。そのトの構造をみれば人の流れや物の流れが『一極集中』しているのでト（戸）の用語になる。関連した用語遣いで「ヤマト（倭）」とか「ミナト（港）」などで聴かれるトにしても、その出自の語形を別の漢字で書けば「山戸《ヤマト》（山峡《やまかい》宮殿の戸）」、「水戸《ミナト》（水門《みなと》）」と考えられるので同源の言葉遣いになる。

なお、南九州市の門村《カドムラ》地方に「ウト」という言葉遣いがあるが、大きな御殿の大門という意味の言葉遣いであるから、漢字を充てると「大戸《ウト》」で大きな戸口を指した語法になる。また、同地方では屋敷への正面出入口を「キド（貴戸）」と呼び、裏口出入口を「スド（素戸）」と呼んでいるのでこれらのトは同源の言葉遣いとなる。

通す〔とおす〕（トオス）

「通《とお》す」とは人が集中して歩く処であるからト音は『一極集中』を表現した用語となる。

英語にしてもトー（toe　進む方向の足指の爪先）、トップ（top　頂点）などの単語で聴かれるト音も音意通りの意味があって語形をなしていると考えられる。

ナ

音の音意

「ナ」は、『本質の成果を表明』する音意があると考えられる。すなわち、『名《な》』のことである。

また、ナ音は否定（禁止）の用語としても用いられる。

語例

何〔なに〕（ナイ）

「何《なに》」のナ音は『本質の成果を表明』していることだが、それを受けるニ音やイ音には『新参』や『著しい』の音意があるから、「何」という言葉遣いには驚倒の意味もある。

鳴く〔なく〕（ナッ、標訳してナク）

鳥の鳴き声は『本質の成果を表明』していることであるから、音意通りの意味がある。

行くな〔いくな〕（イッナ、標訳してイクナ）否定語の語例

ナ行のナ音は活用語の終止形に助詞として接続し、禁止の意を表す働きをする。たとえ

ば、その語例として「行くな」のナ音である。

英語にしてもナイス（nice　適切）、ナウ（now　現在）などの単語で聴かれるナ音も音意通りの意味があって語形をなしていると考えられる。

ナ行（ナニヌネノ）各音は否定語として用いられる。その語例について

標準語の語例	南九語語例	
行くな	イッナ	（標訳してイクナ）
ない	ネ	（約音化発声となる。標訳してナイ）
いな	ウンニャ	（対応はしてないが別語法で表現）
行かぬ	イカン	（標訳してイカヌ）
行かねば	イカニャ	（対応はしてないが別語法で表現）
なう（のう）して	ノシテ	（標訳してナウシテ）

二

音の音意

「ニ」は、『新しい』を表現する音意があると考えられる。また、ニ音は否定（禁止）の用語としても用いるが、『新しい』は「弱弱しい」から否定意の語法につながったのだろう。

語例

新〔にい〕（ニ）

「新《にい》」は一般用語では体言に冠して用いられて『新しい』を意味した接頭語とされている。用例として「新妻《にいづま》」「新衣《にいごろも》」などがある。また、『古事記』下巻で「新嘗《にいなえ》」の用語も登場しているので「新《にい》」は古い和語であることが解る。

似り申す〔にりもうす〕（ニイモス、標訳してニリモウス）

「似《に》り」とは「あるものの形をまねて新しいものを造る」ことである。その姿形は新しくてそっくりであるが本物とは違うという意味合いもある。「似せて作る」という言葉遣いが「偽《にせ》」という言葉も作ったのではないだろうか。すなわち、ニ音（ナ行）には否定の因子が働いているのが解る。

青年〔せいねん〕（ニセ）

南九語では「男子青年《せいねん》」のことを「ニセ」と呼ぶ。漢字を充てれば「新背《にせ》」または「新兄《にせ》」である。『万葉集』などで『新《に》の兄《せ》の君《きみ》』の用語遣いが見られるので同じ語法だと考えられる。

ウンニャ〔／〕（南九語）否定語の語例

ウンニャ、ウンニャという言葉遣いは南九語で否定語である。すなわち、「ウンではない」という語形である。とすれば、ナ行の二音に属するニャ音のニは否定用語と考えられる。

英語にしてもニュウ（new　新）、ニーズ（needs　新しく必要なもの）などの単語で聴かれる二音も音意通りの意味があって語形をなしていると考えられる。

ヌ

音の音意

「ヌ」は、象体に『覆い被さる』音意があると考えられる。すなわち、ヌ音（ナ行）は否定（禁止）の用法としても用いられているのが分かる。なお、「往《い》ぬ」「寝《い》ぬ」「死ぬ」などの終止形ヌで終わる動詞はナ行活用として有名である。

しかし、南九語ではナ行活用の用語がないのが特色で、同語では「往ぬ」「寝ぬ」の語法はなく、「死ぬ」は「ケシム」と伝承されてマ行で四段活用しているのである。

語例

塗り〔ぬり〕（ヌィ、標訳してヌリ）

「塗《ぬ》り」のヌ音は『覆い被さる』の音意があると考えられる。「白粉《おしろい》を塗る」などの用例がそれをものがたる。

濡れる〔ぬれる〕（ヌルッ、標訳してヌルル）

「濡《ぬ》れる」という用語は南九語では下二段で活用するので標訳して「ヌルル」となる。『覆い被さっている』を表現した語法である。

ぬるい〔ぬるい〕（ヌリ、標訳してヌルリ）

温かみが抜けた風呂水などを「ぬるい」という形容詞で表現する。すなわち、このヌ音は「身体を取り巻いている水気から温熱が抜けている」ことを表現した音であるから音意通りの働きをしていると考えられる。

来ぬ〔こぬ〕（コン）否定語の語例

この動詞「来《こ》ぬ」の終止形ヌは、否定の助動詞として使われている場合がある。

英語にしてもヌード（nude　裸像）、ヌーン（noon　午前と午後の時間をすべて覆い被せた刻《とき》）などの単語で聴かれるヌ音も音意通りの意味があって語形をなしていると考えられる。

ネ

音の音意

標準語で「ネ」は打ち消しの助動詞（仮定形）として紹介されている。すなわち、否定用語である。大方の方言で聴かれる「ない」を約音化した「ネ」も否定用語となる。

語例

無い〔ない〕（ネ）否定語の語例

「無《な》い」すなわち「ない」は国語辞典で形容詞型と助動詞型が紹介されて「打ち消し」の用語と定義付けられている。この打ち消しの用語「ない」は方言の一つである南九語で発音すると母音集約（nai→ne）して「ネ」と発音する。

よって、「ネ」の原形は「ナイ」であるから、別の観点から漢字を充てると語形は『名威《ナイ》』で「名が著しい」ということになる。言語が生まれた時代、人間社会でこのような名が著しい方かといえば、一握りの高い地位の支配者の立場ではあり得ることであるから、「名威《ナイ》」は肯定の意味遣いであったろうが、古代で支配を受けた大多数の細民社会では「名威《ナイ》」なんてあり得ないことだから否定の意味遣いに使われたと考えられる。このように「ナイ」という言葉遣いには両面性の意味合いがみられるのである。すなわち、肯定の「名威《ナイ》」と否定の「無い《ナイ》」で、この両極端の意味が込められて言葉を創り出したと考えられる。この言葉遣いの混乱を避けるため か方言（南九語など）の語法では「ナイ」を約音化発声にして「ネ」と区別発音した語法が生まれたと考えられる。

英語にしてもネガティブ（negative　否定的な）、ネバー（never　決してしない）などの単語で聴かれるネ音も音意通りの意味があって語形をなしていると考えられる。

＊　伝統的な用語である「根（ね）」「音（ね）」「舐り（ねぶり）」などのネ音は標準語では「ne」と発音する。しかし、南九語など方言ではこれら用語のネは「ニェ」と発音する。「nye」である。すなわち、「ネ＝無い」と「ニェ＝根」を使い分けているのである。よって、次頁でニェ音についても説明してみよう。

ニエ

音の音意

「ニエ」の音意の語形は、『新（ニ）に会する（エ音参照）』である。すなわち、「根」のことであるが『新《ニ》に会《エ》する』とは『基幹』『基底』の意味もあると考えられる。

語例

根〔ね〕（ニエ、標訳してネ）

植物の基幹を為している「根《ね》」は標準語で「ね」と発音するが、南九語では「ニエ」と発音する。その語形を音意で解説すれば『新《ニ》会《エ》』で、それが「ニエ」になったと考えられる。すなわち、「新《ニ》として土壌中に会《エ》する＝基幹の底部で新しい働きとして会《エ》する」の状《さま》を表現した用語になる。人間の生活でも「根《ニエ》を張る」という言い方は「新《ニ》として基幹に会《エ》して生活領域を張る」となる意気込みを指した用語遣いとなる。

音〔ね〕（ニエ、標訳してネ）

琴笛や鐘のねを標準語では「音《ね》」と表現するが南九語では「ニエ」と発音する。よって、音意上の語形は『新会《ニェ》』と考えられる。「音《ね》（ニェ）」と同じ意味合いの用語遣いになる。

舐り〔ねぶり〕（ニェブイ、標訳してネブリ）

「舐《ねぶ》り」という用語は標準語では「ねぶり」と発音するが、南九語では「ニェブイ」と発音する。しゃぶったり、舐めたりする動作を表現する用語である。

願う〔ねがう〕（ニェゴ、標訳してネガウ）

「願う」は標準語で祈りの願望言葉であるが、南九語では「願がうてやり（ニェゴウテヤイ）」と言えば逆に密告するということで裏切りの言葉遣いとなる。

英語にしてもネイチャー（nature　本質）、ネット（net　網）などの単語で聴かれるニェ音も音意通りの意味があって語形をなしていると考えられる。

なうして〔なうして、発音はのうして〕（ノシテ、標訳してナウシテ）否定語の語例

たとえば、「なうして」は南九語では約音化で「ノシテ」と発音する。すなわち、「なくなる」ことである。この場合のノ音も否定の音としても用いられているのである。

英語にしてもノック（knock　叩く、絡み合わせること）、ノブ（knob　ドアなどの引き手）などの単語で聴かれるノ音も音意通りの意味があって語形をなしていると考えられる。

＊　ノ音を否定の用法として使うのは日本語だけではない。英語でも同じような語法がみられる。たとえば、肯定語の「ノック（叩く）」などの語法がありながら、否定の用法として「ノー（否定）」の語例が聴かれる。

ハ

音の音意

「ハ」は、象体の『先端』を表現する音意があると考えられる。すなわち、『張り出す』とか『端《は》』のことである。

語例

端〔は〕（ハ）

「端《は》」とは象体の最端《さいはし》、先端《せんたん》、端緒《たんしょ》を指す用語である。すなわち、『張り出す』とか『端《は》』の音意があると考えられる。

はみ出る〔はみでる〕（ハンデッ、標訳してハミデル）

「はみ出る」のハ音は音意通りで『先端』を意味している用語である。音意で漢字表記すれば「端身出る《はみでる》」であろう。

英語にしてもハード（hard　最端《さいはし》を固めれば硬くなる）、ハウス（house　住居の端である屋根とか壁は固めた構造である）などの単語で聴かれるハ音も音意通りの意味があって語形をなしていると考えられる。

ヒ

音の音意

「ヒ」は、目には見えない『神秘体』とか『神霊《しんれい》』の音意があると考えられる。

語例

日〔ひ〕〔ヒ〕

太陽の和語は「日《ひ》」である。その働きは天より温熱と光線を地上にそそいでいるが、古代においてはその不変の正体を自然界最高の『神秘体』として受け取り「日《ひ》」という用語を創り出したと考えられる。「日《ひ》」すなわち「秘《ひ》」である。古代人の間ではその「日」を最高神に位置付けて崇め奉る風俗がみられるが、日本でも神代においては「神」と呼ばれた支配者一族はその「日」を擬観にして、尊称で「日之神《ひのかみ》」「日之命《ひの》」「日高《ひだか》」と呼ぶ風俗を作り出している。その神々のなかでも最高位置に君臨したのが天照大御神で、別の名を大日孁貴《おおひるめむち》と呼ばれている。すなわち、「大いなる日の如き神秘に満ちた貴《き》の方」となる語形で絶対支配力をもった「太陽神」として崇め奉られていたことが分かる。

参考までであるが、日本語に「日《ひ》にち」という言葉遣いがあるが、この語形は「神秘体である今の日がさらに新に着く（ニ音参照）」となる語法になる。

火〔ひ〕（ヒ）

熱と光を発しながら燃える現象が「火《ひ》」である。しかし、この火の実態をつぶさに観察すると目に見えているのは燃え上がっている「炎《ほのお》」や、灼熱している「熾《おき》」だけであって、それらを作り出している火の真実の正体を目にすることはできない。すなわち、火とは『神秘体』そのものであるから「火《ひ》」という言葉を創り出したと考えられる。

英語にしてもヒート（heat　火熱）、ヒーロー（hero　神秘的な人）などの単語で聴かれるヒ音も音意通りの意味があって語形をなしていると考えられる。

フ

音の音意

「フ」は、『幸せ』を表現する音意があると考えられる。

語例

福〔ふく〕（フッ、標訳してフク）

「福《ふく》」の語形は音意で解読すると『幸せ（フ）を食う（ク音参照）』となる。

踏む〔ふむ〕（フン、標訳してフム）

「踏《ふ》む」という動詞は『幸せを自分のものにする』という意味合いで用いられる用語である。すなわち、音意通りの用語である。

英語にしてもフリー（free　自由、幸せ）、フラー（hurrah　万歳や喝采の掛声）などの単語で聴かれるフ音も音意通りの意味があって語形をなしていると考えられる。

へ

音の音意

「へ」は、へばりついた『這』の形を表現する音意があると考えられる。
すなわち、『無価値』のことである。

語例

下手〔へた〕（ヘタ）

「下手《へた》」という用語遣いは音意上からみると『這（へ）最高位（タ音参照）』となる語形である。すなわち、「無価値（這《へ》）が最高位」ということである。そんな這のことを最高位というようでは人間としての価値が無能である。だから、古代人は皮肉って「下手」という言葉を創り出したのだろう。

同じ用語で「端《へた》」「辺《へた》」という言葉遣いが『万葉集』で詠《うた》いこまれているが、国語辞典の解説では「海辺・波打ち際」とある。この「辺《へた》」の用語は南九語など方言でも使われているが、語意は国語辞典とはやや異なり「向こう島の岸まで砂州が延びてはいるが、海浜の特殊地形のため中途半端で向こう島の岸に届かない砂州を同語ではヘタ」と呼んでいる。向こう島へ渡りにくい砂州であるため、南九語の語法でそれを無価値（這《へ》）とみなしてヘタという言葉遣いを創り出したと考えられる。これに漢字を充てれば「辺手《ヘタ》」もしくは「這手《ヘタ》」であるが、おそらく、『万葉集』で詠われた「端《へた》」もそれを指した用語ではないだろうか。この用語遣いが「ヘタ（下手）」という語法で音意はつながっていると思われる。

へばる〔へばる〕（ヘバッ、標訳してヘバル）

「へばる」の語形は「這張る《ヘバル》」で、へ音は音意通りである。

英語にしてもヘッジ（hedge　障壁、平らかな壁）、ヘルプ（help　手伝い人、這《へ》の下級階層で多人数の人民）などの単語で聴かれるへ音も音意通りの意味があって語形をなしていると考えられる。

ホ

音の音意

「ホ」は、ふっくらと膨らんだ『充満』『豊満』の音意があると考えられる。この形が『最勝最善』の意味としても使われている。

語例

穂〔ほ〕（ホ）

「ホ」は『充満』とか『豊満』のことである。たとえば、稲穂の「穂《ほ》」にしても花軸《かじく》の穂首の殻《から》のなかで実が充満して膨らんでいるものが「穂《ほ》」であるから音意通りになる。

このホ音で表現される『充満・豊満』している場所は人間生活の上でも『最高至上の場所』になるので、古代の支配者たちはこんな場所を争って領有したと考えられる。それがもとで「ホ」のつく場所は最高地として古代史に登場している。語例として国秀《くにほ》の「秀《ほ》」、田圃《でんぽ》の「圃《ほ》」、高千穂の「穂《ほ》」などである。

褒める〔ほめる〕（ホムッ、標訳してホムル）

「褒《ほ》める」のホ音は『充満・豊満』の行為を譬えた用語だから音意通りである。

英語にしてもホット（hot　温かい）、ホーム（home　家族が集まる充満の場所）などの単語で聴かれるホ音も音意通りの意味があって語形をなしていると考えられる。

マ

音の音意

「マ」は、『真実』の音意があると考えられる。古代において「マ」とは角《かど》のない形のものを言い表して、円状とか球状の如く『丸い』形のものを『真《ま》』と呼んでいたのではないかと考えられる。

語例

真〔ま〕（マ）

「真《ま》」とは『真実』のことである。すなわち、音意通りの用語ではないだろうか。

正に〔まさに〕（マサニ）

「正《まさ》」という言葉は音意で解釈すれば『真が栄える（サ音参照）』となる語形である。とすれば、「正《まさ》に」とは「真が栄えるに」という語形になる。

丸〔まる〕（マイ、標訳してマリ）

南九語で「丸《まる》」という表現方法はない。同語では「丸《まる》」のことを「マイ」と発音する。

正しく標訳すれば「マリ」となる語形である。この用語のマ音も音意的には『真実』の意味が込められていると考えられる。

英語にしてもマナー（manner　正しい人間の行い）、マーク（mark　正しいものに印を付ける・記号）などの単語で聴かれるマ音も音意通りの意味があって語形をなしていると考えられる。

ミ

音の音意

「ミ」は、『実・身』の音意があると考えられる。実（ミ）あるいは身（ミ）にしても最勝最善の形をなしてその象体を見せているものである。正味の味（ミ）なども同じ音意があると考えられる。

語例

実〔み〕（ミ）

「実《み》」は果実や種実のことで、その植物属が『最勝最善の形を見せている』ものが『実《み》』である。「実《みの》る」などの語形も別の漢字で書けば『実《み》納《の》る』になる。

稔り〔みのり〕（ミノイ、標訳してミノリ）

「稔《みの》り」という言葉は「実がのり」という語形で「のり」には「納《の》り」または「乗《の》り」を充てると語意がよく解る。

英語にしてもミート（meat　食肉、身《み》のこと）、ミッドサマー（midsummer　真夏、実った夏ということである）などの単語で聴かれるミ音も音意通りの意味があって語形をなしていると考えられる。

ム

音の音意

「ム」は、『相対して存在する』象体を表現する音意があると考えられる。要約すれば『相対立《あいたいりつ》』のことである。

語例

向く〔むく〕（ムッ、標訳してムク）

対する方向に目線を向けることである。すなわち、ム音は音意通りに『相対して存在する方を向いて』を指していることになる。

村〔むら〕（ムラ）

「村《むら》」についての解釈を現代国語学では「多人数で形成する共同体の集落」としている。ところが、南九語の語法ではやや異なり「共同体である集落の秩序を維持する規則」のことを「ムラ」と呼んでいたのである。すなわち、音意上の語形は『最大限に相対している』となり、別の言葉で表現すれば「自分勝手な動きを規制する厳しい取り決め」のことになる。現代でいう「法」のことである。

このムラ（法）について南九州市門村《カドムラ》に伝えられた習俗からその語形を考査してみよう。

人間社会において氏村の集落が形成されても、いろいろな意見や遣り方が出てばらばらになると氏村としての秩序が保てなくなる。しかし、運命共同体となった以上はそれを保つために自分勝手な動きを規制する厳しい規則が作り出されることになる。その規則をムラと呼んでいたのである。音意上の語形は説明したように『最大限に相対している』となり法のことである。この法を南九州語では「ムラ」と呼んでいる。この言葉遣いが「村《ムラ》」という用語までつながっていったと思われる。この「ムラ」を守らずに勝手な行いをすることをムラヤブィ（法破り→村破り）などと呼んでいた。また、同地門村《カドムラ》の村々ではムラの決め事伝令をムラツッ（法告ぎ）と呼んで必ず門《カド》一族の家々に伝令しなければならないと伝えられていた。通常伝達はオフレと呼んで使い分けていたのである。

このようにして、氏村が形成されるときには必ずその氏族に合ったムラ（法）が布《し》かれるのであるが、そのムラを中心にして人の集まりである氏の集落（郷）があちこちにできて、さらに国（古代の小単位）や州《シマ》へと発展していくことになる。その状《さま》を国の単位の立場から見るとあちこちにできたムラは「群（ムラ）」の形態になる。だから、あちこちに割拠する法（ムラ）は村（ムラ）であるがその地図上の生態は群（ムラ）でもある。

また、南九州市門村《カドムラ》の用語遣いでは自分が籍を置いている運命共同体の（血のつながっている）氏村だけを「ムラ」と呼ぶが、自分とは血がつながっていない敵対する他所の氏村は同じ郷内にあっても全て「ムイ」という言葉遣いで区分けして呼んでいる。このムイを標訳すると「ムイ（向威）」であるが、標訳によっては「ムリ（向理）」ともなるので、これがもしかすると「無理」という言葉遣いにつながったのかも知れない。

英語にしてもムーン（moon　地球から見れば、お日様に対して存在する天体）、ムード音楽（mood music　効果音楽）などの単語で聴かれるム音も音意通りの意味があって語形をなしていると考えられる。

メ

音の音意

「メ」は、『くるくる動き廻る』象体を表現した音意があると考えられる。すなわち、『舞《まい》』のことである。

参考までであるが、南九語では「マイ」は母音集約して発声するので約音化し「舞《まい》」も「メ」と発音する。

語例

眼〔め〕（メ）

メ音は『くるくる動き廻る』音意があると考えられる。と同時にメ音は「マイ」の約音化発声の音であるから『真実（マ）が著しい（イ）』の音意になる。すなわち、「眼《め》」とは『くるくる動き廻る』器官であるが、同時に「マイ」のことだから『真実が著しい』を指した用語でもある。なお、南九語では音意で解説したように「舞《まい》」のことも「メ」と呼んでいるので同源の言葉遣いである。

めくる〔めくる〕（メクッ、標訳してメクル）

「めくる」のメ音は音意通りに『くるくる動き廻る』を表現した用語であろう。とすると、「めくる」の語形は「舞繰る《メクル》（ク音参照）」と考えられる。

英語にしてもメーター（meter　回転計）、メモリー（memory　回想および記憶装置）などの単語で聴かれるメ音も音意通りの意味があって語形をなしていると考えられる。

モ

音の音意

「モ」は、『一点に集中するように動き廻る』象体を表現した音意があると考えられる。すなわち、『定住固着』であり、その場所は『盛り』のことでもある。

語例

盛り上がる〔もりあがる〕（モイアガッ、標訳してモリアガル）

「盛《も》り上《あ》がる」の用語は「一ヵ所に集まって気勢を挙げる」ことである。とすると、モ音は音意通りの働きをしていることになる。

諸〔もろ〕（モロ）

「諸《もろ》」は「一挙に」という意味合いの用語である。すなわち、モ音は音意通りの働きをしていることになる。

もの〔もの〕（ムンとモノ）

「もの」という言葉は語形の解釈が難しい。辞典によれば、「もの」とは形のある物体をはじめとしてものごと、事柄など存在の感知ができる対象を表現して使う名詞が「もの」である。また、形式名詞、哲学用語、民法上の有体物にも「もの」という用語は使われ、接頭語としても使われている用語である。そして、これらの当て字は「物」という漢字が充てられている。しかし、この辞典の説明を何べん読んでも理解が難しい。

ところで、南九語ではこの「もの」について、違った発音で二つの用法がある。「ムンとモノ」である。詳細については後述するので参考にされたい。

英語にしてもモーター（motor　一点に集中するように動き廻る・発動機）、モール（mall ショッピングセンター、人の集まるところ）などの単語で聴かれるモ音も音意通りの意味があって語形をなしていると考えられる。

ムン（物）とモノ（物）の区別について（南九語の語法より）

物〔もの〕（ムン、標訳してムノ）

標準語でいう「物《もの》」という言葉遣いは「物体・物品」の意味で使われている用語である。すなわち、「形ある物体・存在が感知できる対象など…」で、物象的存在である。

とすると、南九語ではそんな物象的存在は「ムン」という言葉遣いで表現している。すなわち、「物《ムン》」となる。この撥音発声の用語を標訳すると「ムノ」の語形が浮かび上がる。音意上は『相対するように向いて（ム）綯《な》う（ナウは約音でノと発音、ノ音参照）』となる。すなわち、自分の立場から見ると相対するように向こう側にある物質的象体のことを指す用語遣いになる。たとえば、標準語で「良《よ》い物《もの》」は南九語で「ヨカムン」となる。

なお、「者《もの》」のことも南九語では「ムン」と呼んでいるので、「何処の者だ」と言えば「ドコンムンダ」という語法になる。

もの〔もの〕（モノ）

前項で述べたように南九語では物質的存在である「物体・物品」を指す「物《もの》」あるいは

「者《もの》」は『ムン』という語法を用いることは説明した。

ところが、心象的存在の対象となる「物静か」「物忘れ」「物思う」「物言えば」「物の気《け》」などの「もの」の場合は、南九語でも標準語と同じように『モノ』と言うのである。よって、南九語では「もの」という言葉遣いを「ムン」と「モノ」とに使い分けていることが解る。

すなわち、「モノ」の語形を音意で解明すると『守《も》って綯《な》う（モ音・ナウは約音でノ、ノ音参照）』となる語形で、「赴くままにのって」というような意味合いの言葉でもある。よって、国語辞典の解釈とは意見が異なるが、この心象的存在の表現である「モノ」という言葉遣いに漢字を充てると「言《モノ》」「申《モノ》」「詣《モノ》」「論《モノ》」「倫《モノ》」などの当て字が浮かび上がる。

しかし、現在の国語学ではこれら「もの」の用語にも「物」の漢字を充てるのが正しいとされているのでそれに従わざるを得ないが何か物悲しい（言悲《モノガナ》しい）気になる。

ヤ

音の音意

「ヤ」は、『強い力を遠隔地など（対外）に素早く行使』する音意があると考えられる。すなわち、『強権の対外的行使』のことである。

語例

矢〔や〕（ヤ）

「矢《や》」と言えば弓矢の「矢」があるが、その働きは放たれると賊に向かって一直線で飛び『強権の対外的行使』に打って出る。すなわち、音意通りである。

槍と槍刃〔やりとやりば〕（ヤイとヤイバ）

南九語では「槍《やり》」のリ音はイ転音発声で「ヤイ」と発音する。「やり」の語形は『対外的強権行使（ヤ）の行為（リ）』となり、「ヤイ」は『対外的行使（ヤ）の威力（イ）』となる。

その槍《やり》の切っ先につける「刃《は》物」を標準語では「槍先《やりさき》」または「穂先《ほさき》」と呼ぶが、南九語ではヤイバ（槍刃）と呼ぶ。すなわち、『槍《やり》の刃《は》』となる語形である。しかし、辞典によると「刃《やいば》」は音便で焼刃からきた用語とされているのでやや意味違いである。

南九語では昭和二十年代の頃まで、不良たちがこの危険なヤイバを裏言葉（隠し言葉）にして、「ヤバイ」と言い換えて粋がっていたものである。もしかすると、平成年代に入って全国で「やばい」という言葉が流行しているが出所はこれではないかと疑われる。

優しい〔やさしい〕（ヤサシ）

「矢《や》で刺すと相手を容易く倒せる」この言葉遣いは「矢刺《ヤサシ》し」だが、これがもとになって「易《ヤサシ》し」という言葉を創ったと思われる。この言葉遣いがさらに標準語帯では発展して「ことは何でも易しくできる」ということは「やさしい」ということでもあるので、「優《やさ》しい人」というような表現方法も生まれたと思う。

英語にしてもヤップ（yap　上役志向の強い青年）、ヤング（young　伸び盛りの年齢）などの単語で聴かれるヤ音も音意通りの意味があって語形をなしていると考えられる。

ユ

音の音意

「ユ」は、モノとモノとが結びつく『一致結束』の音意があると考えられる。すなわち、『結う』ことである。

語例

言う〔いう〕（ユ、標訳してユウ）

動詞「言《い》う」は南九語で母音集約して「ユ」と発音する。言葉の意味は「自分の心中にあることを口にして相手と結び合う行為」が「言う（ユ）」である。すなわち、音意通りの語形で『一致結束』となる。

結う〔ゆう〕（ユ、標訳してユウ）

「結《ゆ》う」は「髪の毛を結《ゆ》う」「縄を結《ゆ》う（南九語でナワユとも言う）」などの用語遣いから『一致結束』を意味しているので音意通りである。

なお、苅干しのため稲類などを縄に「結《ゆわ》えつける」ことを南九語では「結組《ユク》む（ユクム)」と言う。この「ユ」も『一致結束』の意味になる。

弓〔ゆみ〕(ユン、標訳してユミ)

「弓《ゆみ》」の本体は一本の弦《つる》が、弓幹《ゆがら》の上下でしっかり結びついている形である。すなわち、別の漢字でかけば「結身《ゆ》」で音意通りに『一致結束』の形である。

英語にしてもユウ(you　我と結びついている相手の人称、おまえ)、ユニゾン(unison　多数の結びつきの調和)などの単語で聴かれるユ音も音意通りの意味があって語形をなしていると考えられる。

ヨ

音の音意

「ヨ」は、『世』の音意があると考えられる。と同時にヨ音はヤウ音の集約音でもあるから音意的には『強権を対外行使する（ヤ音参照）大きく（ウ音参照）』となる語形である。そのような強権下に治める大きな世界は一口で表現すると『世』になる。よって、ヨ音には『世を平定する』の音意があると考えられる。

語例

世〔よ〕（ヨ）

「ヨ」とは「世《よ》の中」とも言い、「平定した世《よ》」のことでもあるが、一代二代と続く「代《よ》」のことでもある。すなわち、人類が生活する共同体の場ということである。

横〔よこ〕（ヨコ）

「横《よこ》」の語形は「世乞《よこ》う」であろう。すなわち、人間は乞いごととか乞いものするときは左右を見渡して世間を鵜呑みにするあるいは媚びる姿勢をとる。その姿が「世乞《よこ》う」すなわち、「横」という言葉を創ったと考えられる。

英語にしてもヨーク（yoke　衣服の切り換え部分、身体に合わせる）、ヨッティング（yachting　海の世に出る帆船の形状）などの単語で聴かれるヨ音も音意通りの意味があって語形をなしていると考えられる。

「ラ・リ・ル・レ・ロ」の音を語頭にした和語で、古語としての用例はないと考えられるので解説は簡略にしたい（要研究）。南九語の語法でも用例はまったく聴かれない。

現在の標準語話法で日常的に使われている語例を列挙して南九語と対比する。

	標準語	南九語	音意解説
辣韮	ら、っきょう	ダ、ッキョ	ラ音には「拡大拡張（皿の形）」を意味した音意が考えられる。南九語のダ音は「抱く韭（ダッキョ）」となる語形で抱き合った実は「動きが停止」の状態を意味した音意が考えられる。
皿	さら、	サラ、	ラ音には「拡大拡張（皿の形）」を意味した音意が考えられる。
空	から、	カラ、	ラ音には「拡大拡張（空の形）」を意味した音意が考えられる。
利	り、	ヂ、	リ音は音意で「著しい持続」となり、南九語のヂ音では「本質・基本」となる音意が考えられる。

留守	るす	ズス	ル音には「継続持続」の音意があり、南九語のズ音には「ずれている行為」を表現した音意があると考えられる。ス音は「巣＝住居」を指す音意があるので「留守」の語源が解けると思う。
蓮華	れんげ	デンゲ	レ音には「極致・著しい」の音意があり、南九語の語法によるデ音には「豊富な姿」の音意が考えられる。ゲ音には「底辺で積み重なる」の音意が考えられるので「レンゲ」の語源が解けると思う。
捕ろう	とろう	トロ	ロ音には「最大の行使」を意味した音意があると考えられる。よって、「捕ろう」の語源は「一極集中して行使する」の語法になる。

英語にしても関連音としてラージ（large　拡大、形が大きい）、リード（lead　先導）、ギャスト（just　丁度）、ルーム（room　部屋）、レール（rail　支え）、ロード（road　道）などがある。これらの音にも音意通りの意味があって語形をなしていると考えられる。

ワ

音の音意

「ワ」は、『輪』の音意があると考えられる。運動場などで先生が児童を集めて「さぁ、皆で手をつなぎましょう」と指導したらその形（象体）は丸くなって広がる。それが『輪』である。しかも、その輪は全員が集まって手をつないでいるから『和』の形でもあり、『寄り集まり』という形にもなる。

語例

渡す〔わたす〕（ワタス）

渡す（ワタス）の語形は『輪足す（ワタス）』になる。よって、輪と輪をつないで足すことを表現した用語になる。

若い〔わかい〕（ワケ、標訳してワカイ）

「若《わか》い」の語形は音意で解説すれば『輪（ワ）に飼《か》い（南九語でカイは約音化でケ）』となる。従って、「若い」とは両親のセワ（世話）というワのなかや、村の共同体であるユワ（磐）のワのなかで飼われて（人間教育されて）成長することを指した語法になる。

罠〔わな〕（ワナ）

「罠《わな》」とは紐とか蔓《かずら》などを輪状に組んだ捕獲の仕掛けである。この罠のワ音も音意通りの用語遣いであろう。

英語にしてもワールド（world　輪に広がった世間）、ワイド（wide　広大）などの単語で聴かれるワ音も音意通りの意味があって語形をなしていると考えられる。

「ワ」の音は前頁で説明した通りだが、南九語の場合は、それ以外に子音w音で発音する関連した音がある。

ウィ（wi）・ウュ（wu）・ウェ（we）・ウォ（wo）の音である。これについてはもっと聞き取り調査をして研究の必要があるが、これら音の意味は「ばらばらの輪状のものを集中させる」の音意が考えられる。語例をあげて簡単な解説をしてみよう。

	標準語	南九語	音意解説
括りしばる	くくりしばる	ウィチッ	南九語を標訳すればウィチクで、他動詞連体形となる。ウィは「大雑把な束《たば》の輪にする」の音意が感じられる。すなわち、あるものを大雑把に集めて輪状に一束《ひとたば》にして縛りつけることである。
追う	おう	ウュウ	同じく標訳すればウュウとなる。ウュは「輪に加わる」の音意が感じられる。すなわち、「輪の集団に追い込む」ことを表現した用語と考えられる。

置く	おく	ウェッ	枠《わく》（輪）とか一定の場所に、置く（乗せる）ことを南九語では「ウェッ（他動詞連体形）」と発音する。標訳すれば「ウェク」である。
遠い	とおい	トウェ	標訳すると「トウォイ」となる。約音発声。輪状に囲んだ周辺の山々や村々を「一極集中（ト音の音意）して捉えた遠景」を表現して「トウェ」という形容詞が生まれたのではないだろうか。

英語にしてもウィーク（week　週間）、ウェイ（way　道、拡がる手段）、ウォーキング（walking　歩行）などの単語で聴かれる関連の音には音意通りの意味があって語形をなしていると考えられる。

・ン音について

「ン」の音を語頭にした和語で、古語としての用例はないので解説は簡略にしたい（要研究）。南九語の語法でも用例はまったく聴かれない。

現在の話法でン音を語頭に用いた語例はないが、語中・語尾に用いた語例（特に各地方言の用法）は多いのでその用例を列挙する。それらの語例のン音を音意上で検討するには活用変化で原音となるそれぞれのニ音ヌ音ミ音ム音を参考にすれば良いが、ン音にはそれらの音意を強く表現する働きがあると考えられる。

また、格助詞の「の（no）」も、南九語の話法（他の方言でも同じ）では受ける用語の語尾が促音・鼻音・歯擦音の場合は正しく「の（no）」と発音するが、他の用例では韻母を省略して「ん（n）」のみで発音する語法が見られる。撥音転化の語法である。

	標準語	南九語	音意解説
兄	あに、	アン、	「あに」の語形は音意的に「存在している、新しい世に」であろう。南九語では尊称で「アニヨ（兄代）」の呼称もある。
絹	きぬ、	キン、	「きぬ」の語形は音意的に「高貴を塗るように纏っている」であろう。

網	あみ、	アン、	「あみ」の語形は音意的に「存在を見い出す（確認）」であろう。
編み	あみ、	アン、	「あみ」の語形は音意的に「存在を見い出す（確認）」であろう。
編む	あむ、	アン、	「あむ」の語形は音意的に「存在を確認する」であろう。
組	くみ、	クン、	「くみ」の語形は音意的に「喰い込みを見い出す（確認）」であろう。
組み	くみ、	クン、	「くみ」の語形は音意的に「喰い込みを見い出す（確認）」であろう。
組む	くむ、	クン、	「くむ」の語形は音意的に「喰い込みを確認する」であろう。
海	うみ、	ウン、	「うみ」の語形は音意的に「大きく見える＝大見《ウミ》」であろう。
線	せん、	セン、	「せん」の語形は音意的に「競りを表す行為」を表現した用語になる。
番	ばん、	バン、	「ばん」の語形は音意的に「場を見渡す行為」を表現した用語になる。
此の日は	このにちは	コンニチヤ	この語法が「今日《こんにち》は」の用法になったと考えられる。
此の晩	このばん	コンバン	この語法が「今晩《こんばん》は」の用法になったと考えられる。

英語にしても、ン音の用例単語としてエンド（end　終わり）、オン（on　の上に）などがある。

ガ音の音意

「ガ」の音意は『独善・不協和』の音意があると考えられる。すなわち、他の象体を『放逐制圧』することでもある。

語例

崖〔がけ〕（ガケ）

山や岸などで、険しくそばだった場所を「崖《がけ》」と呼ぶ。すなわち、『独善・不協和』の場所だから崖のガ音は音意通りであろう。伝承の南九語でも「崖《がけ》」と言ったら、通行の邪魔になる巨体の障壁とか山と積んだ荷物などの壁を「ガケ」と呼んでいるので、やや意味違いであるが同種の言葉であろう。

頑として〔がんとして〕（ガントシッセー、標訳してガントシテ）

「頑《がん》」のガは「我《が》を通す」などの語例で用いられる用語でもある。すなわち、この「ガ」は音意で解釈すれば『独善・不協和』のことになる。

がたがた〔がたがた〕（ガタガタ）

修飾語の「がたがた」は音意上では『独善・不協和』を表現した用語である。

がう〔がう〕（ゴ、標訳してガウ）

日本語に「がう」という言葉遣いがある。文法上は助動詞または助詞でもないのでどのように分類していいか素人の私には解らない。語例としては「たがう」「ちがう」「ねがう」「まがう」などの「がう」である。音意上で「ガ」の語意は『独善・不協和』であるからそれぞれの語例の語頭音の「た（頂《た》）」「ち（血《ち》）」「ね（根《ね》）」「ま（真《ま》）」に「がう」という接辞用語を用いて『不協和＝食い違っている』を意味した言葉遣いになる。

英語にしてもガード（guard　防御）、ガリー（gully　急峻な岩溝）などの単語で聴かれるガ音も音意通りの意味があって語形をなしていると考えられる。

ギ

音の音意

「ギ」の音意は『自主性の固守堅持』の意味があると考えられる。すなわち、徹底して『抵抗する言い張り（議論）』のことである。

語例

議〔ぎ〕（ギ）

「議《ぎ》」という言葉遣いがある。意味は「意見を交わして論じ合う」こととされている。この「議《ぎ》」という言葉遣いは南九語でも伝承されている用語である。意味は「己の主張を固持して譲らない」ことで、漢字渡来以前からあった同方言の一つと考えられる語法である。すなわち、音意通りに『自主性の固守堅持』となる用語である。

崖〔／〕（ギシ）南九語語例より

「崖」と言えば一般的には「崖《がけ》」のことで、「山や岸などのそばだった所」とされている。しかし、南九語の語法ではやや意味遣いが異なる。同語では通行の邪魔になる巨体の障壁とか山と積んだ荷物などの壁をガ音の項で説明した通り「ガケ」と呼ぶが、それとは区別して「ギシ」と呼ぶ語法がある。
すなわち、山や岸などで険しくそばだった地形の壁を「ギシ」と呼んでいるのである。いわゆる、急峻絶壁のことで漢字を充てれば「崖《がけ》」と同じ文字だが「崖《ギシ》」となる。ギ音の音意からして『徹底抵抗して立ちふさがる』の地形を表現した用語である。なお、同方言では特に刃物のように切り立った断崖絶壁をキィギシ（切り崖）と呼んでいるのである。また、同じ断崖絶壁でも岩場が聳え立った段形の崖はガンギシ（頑崖）と呼び、注連縄を張った神領域の遮断崖にはタイギシ（垂り崖）と呼ぶ言葉遣いもある。

英語にしてもギミック（gimmick　仕掛け）、ギャップ（gap　割れ目・相違）などの単語で聴かれるギ音も音意通りの意味があって語形をなしていると考えられる。

グ

音の音意

「グ」の音意は『無抵抗・無気力』の音意があると考えられる。

語例

ぐれる〔ぐれる〕（グルッ、南九語は下二段活用するので標訳してグルル）

「堕落する」「非行化する」を表現した用語である。このグ音は音意通りであろう。

ぐたっ〔ぐたっ〕（グタッ）

副詞形の修飾語で「ぐたっ」という用語がある。『無気力』を表現した用語で音意通りである。

英語にしてもグレー（gray　灰色の）、グロス（gross　ひとくくりにして）などの単語で聴かれるグ音も音意通りの意味があって語形をなしていると考えられる。

ゲ

音の音意

「ゲ」の音意はある象体が崩壊壊滅して底辺に積み重なる態を表現する音と考えられる。すなわち、『最下位』『下位者』のことである。

語例

下〔げ〕（ゲ）

ゲ音は『最下位』『下位者』の意味遣いで使われる音である。よって、「下《げ》」の地位とは社会生活の上では人並より下位に立たされたことを意味する。

南九語の階級差用語で、人の後に付くことを「ゲッに付く」という言い方をする。すなわち、「ゲッ」の語形は『下《げ》に一体不可分（ツ）』という語法になる。「下品」などの「下《げ》」も同系の言葉遣いになる。

元気〔げんき〕（ゲンキ）

この言葉は音意でみれば『下位者の気』となる言葉遣いである。古代においては役をもたない下位者は共同体のなかでもある程度自由に動き回れたので、その自由気儘な態度を「元気」という言葉で表現したのではないだろうか。

げんなり〔げんなり〕

標準語で聞かれる用語だが「嫌になった状《さま》」を表現した言葉である。すなわち、この用語のゲ音は『最下位』を表現した言葉であろう。

英語にしてもゲート（gate　出入口）、ゲッタウェー（getaway　逃亡）などの単語で聴かれるゲ音も音意通りの意味があって語形をなしていると考えられる。

ゴ

音の音意

「ゴ」の音意はある枠のなかに『すべてを閉じ込める』ことと考えられる。すなわち、『集合体』のことである。

人間はその『集合体』のなかで生活を送らなければならないので『運命共同体』の意味もあると考えられる。

語例

郷〔ごう〕（ゴ）

「郷《ごう》」のゴ音は音意通りに『集合体』を指した語法になる。すなわち、接するように氏一族が寄り集まった氏村（運命共同体）のことである。別の漢字で書けば「合《ごう》」である。

後家〔ごけ〕（ゴケ）

この言葉の語形は『郷（ゴ）で介《かい》（カイは約音化発声でケ）する』となる語法であろう。すなわち、一家の主である男手を失った女性は生活が困難になるので、南九州市門村《カドムラ》の伝習的風俗で「郷の普請《ふしん》（金や生活援助品を出し合う）でその一家の面倒を見る」という制度が古くから伝わっていたのである。その風俗がもとになって「後家《ごけ》」の正しい本当の当て字は『郷介《ゴケ》』または『郷飼《ゴケ》』という言葉遣いが生まれたと考えられるのである。

英語にしてもゴアー・スカート（gored skirt　何枚かをつなぎ合わせたスカート）、ゴージャス（gorgeous　華麗さを合わせた造り）などの単語で聴かれるゴ音も音意通りの意味があって語形をなしていると考えられる。

ザ

音の音意

「ザ」は、『水準以下の象体』を指す音意があると考えられる。すなわち、『雑』『邪悪』『その他大勢』などの意味にもなり、語例のごとく否定の助詞としても使われる。

語例

雑〔ざつ〕（ザッ）

「雑《ざつ》」のザ音は音意通りで『水準以下の象体』を示した意味合いになる。すなわち、形状としては人間の尻に敷かれる『座《ざ》』の位置になる。そのような地位は「水準以下にある大多数」を指すので『その他大勢』の意味合いにもなる。雑魚《ざこ》などの語例も同じである。

醜態〔ざま〕（ザマ）

「ザマ」という言葉遣いに現代では敬称の「様」の漢字が充てられて「ざま」と読まれている場合もあるが、音意の語法上からみると間違いではないかと思われてならない。というのは、他人の不恰好な態度を侮蔑して呼ぶ言葉遣いが醜態（ザマ）であるからである。

すなわち、「ざま見やがれ」のザマである。とすれば、正しい漢字を充てれば『雑真（ザマ）』ではないだろうか。同じく、「ぶざま」にしても「無様《ぶざま》」の漢字が充てられる場合があるが、『侮雑真（ブザマ）』または『侮態（ブザマ）』と考えられるのである。

また、「さまざま」という言葉遣いにしても「様様」と充てられて、敬称を重ねた最大尊称となるが、この「さまざま」の語形は「様《サマ》のような立派な事柄と、雑真《ザマ》のような不恰好な事柄」ということで色とりどりの事柄を表現した語法になるので様様《さまざま》では矛盾を感じる。

行かざ〔いかざ〕（イカザ）否定語の語例

「行かざ」の助動詞ザは、否定の語法がみられる。南九語では現在もよく使われる。

英語にしてもザッツ（that's　その他大勢）、ザ（the　定冠詞、多勢を強調）などの単語で聴かれるザ音も音意通りの意味があって語形をなしていると考えられる。

ジ

音の音意

「ジ」は、『自ら可能な範囲で漸次《ぜんじ》移り変わる』『定着しない』ことを表現した音意があると考えられる。すなわち、居場所が定着しないということにもなり『ずれる』の意味もあるので、否定の助動詞としても使われる。

語例

じりじり〔じりじり〕（ジィジィ）

　この修飾語は標準語で「敵をじりじりと追い詰める」とか「日がじりじりと照りつける」などの語法に用いられる。南九語では前者の「敵をじりじりと追い詰める」という語法では「ジィジィ」という修飾語を用いる。すなわち、同語で語尾のリ音はイ転音で発声するから標訳すると「じりじり」となり標準語と同じ語形になる。すなわち、標準語の「じりじり」と南九語の「ジィジィ」は同一語で音意通りにジ音は『漸次《ぜんじ》移り変わる＝定着しない』を表現した用語と考えられる。

行かじ〔いかじ〕（イカジ）否定語の語例

「行かじ」の語法でみられる助動詞「じ」は活用語の未然形について否定の意味を表す用語として標準語では用いられる。特に南九語の文法では否定の助動詞として現在でも日常的に伝承されている。

英語にしてもジェスチュアー（gesture　見せがけ）の単語で聴かれるジ音も音意通りの意味があって語形をなしていると考えられる。

ズ

音の音意

「ズ」は、『モノとモノとが可能な範囲でずれる状（さま）』を表現した音意があると考えられる。前述のジ音と同一の働きがある音意と考えられる。すなわち、否定の音意もあると考えられる。

語例

ずれる〔ずれる〕（ズルッ、標訳してズルル）

「ずれる」という用語のズ音は『可能な範囲で移動する（ずれる）』のことを表現した用語となる。なお、南九語でこの「ずれる」という用語は「ズルル（否定音ズ＋助動詞ルル）」となり、下二段活用する。

行かず〔いかず〕（イカジ）**否定語の語例**

「行かず」のズ音は標準語で日常的に使われている否定の助詞である。

英語にしてもズーム（zoom　ずれる）、ズートスーツ（zoot suit　派手なスーツ）、ズロース（drawers　女性の下着）、ズルチン（dulcin　甘味料）などがある。これらの語例で語頭の父音がｚ音の場合は日本語のズ音に対応していると思われるが、同じく語頭の父音がｄ音の場合はヅ音に対応しているとも考えられる。（要研究）。

ゼ

音の音意

「ゼ」は、『全てを収奪する』を表現する音意があると考えられる。すなわち、『徴発』のことでもある。

語例

ゼー〔／〕（ゼー）南九語語例集より

南九語特有の言葉である。牛馬を後ろで使役しながら畑仕事をするときなど、都合で牛馬を後退させる必要が生じたら手綱を引いてかける掛け声は「ゼー」である。なんで、後退の号令がゼーなのか？――親父は子どもの頃に不思議に思ってお爺さんに聞いたことがあるそうだ。お爺さん曰く「昔からの言い伝えでゼーに会うと丸裸にされて恐ろしい目に遭うからだ」と教えてもらったそうだ。

この伝説の逸話で親父は「ゼ音」の音意を知ることができたと教えてくれた。すなわち、ゼ音には『全てを収奪する』という働きがあることである。この「ゼー」という言葉遣いがいつの時代か知らないが「税《ぜい》」という制度を作り上げていったと思われる。

ぜんぜん〔ぜんぜん〕（ゼンゼン）

「ぜんぜん」には「全然」の漢字が充てられ「すっかり、まったく、まるで」の用語として否定的副詞として用いられている。すなわち、音意通りに「ゼン」とは『全てを収奪する』である。すると、『徴発』などを受けると後には何も残らないから「ゼン」のゼ音には否定的状態を捉えた用語（副詞）とも考えられる。すなわち、「無」である。また、「全部」という言葉遣いも全てを取り上げるという裏意が感ぜられる用語である。

ところが、「ぜんぜん」は否定を強調した日本古来の修飾用語であるのに、最近はそれが無視されて、「ぜんぜん良かった」とか「ぜんぜん美味しかった」などと肯定用語としても用いられつつあるので何か矛盾を感じる。

英語にしてもゼロ（zero　全てを収奪される、零点）、ゼネラル（general　全てをまとめて、総体の）などの単語で聴かれるゼ音も音意通りの意味があって語形をなしていると考えられる。

ゾ音の音意

「ゾ」は、『雑多の集まり』を意味した音意があると考えられる。

語例

ぞろぞろ〔ぞろぞろ〕（ゾロゾロ）

数多くの人が無造作に連なって歩く姿を「ぞろぞろ」という修飾語で表現する。すなわち、ゾ音は『雑多の集まり』の音意があると考えられる。

ゾン〔／〕（ゾン）南九語語例集より

南九語で「ゾン」という言葉がある。いわゆる「大量」ということである。すなわち、「必要なものも不必要なものもすべて」というような意味合いの言葉だが、音意通りに解釈すれば『雑多の集まり』ということである。

臓臓腸〔／〕（ゾゾワタ）南九語語例集より

「ゾゾワタ」は内臓一式のことを言う南九語である。すなわち、ゾ音は内臓の『雑多の集まり』と考えられる。ワタは「はらわた」のワタである。この南九語の「ゾゾ」という言葉遣いが、標準語の諸臓器を指す「臓《ぞう》」とつながっていると考えられる。

英語にしてもゾーン（zone　地帯のすべて、区画）、ゾエア（zoea　甲殻類生育地帯）などの単語で聴かれるゾ音も音意通りの意味があって語形をなしていると考えられる。

ダ

音の音意

「ダ」は、『モノの動きを停止』する音意があると考えられる。

語例

駄目〔だめ〕（ダメ）

「駄目《だめ》」の語形は音意で解明すれば『動きを停止した目《め》』となる。すなわち、「役に立たない」ということで、囲碁などでも「駄目」と言ったら「双方とも手の打ちようのない」ことを表現した用語になる。

だし〔だし〕（ダシ）

旨味の味が個体のなかに『動きを停止した状態』で閉じこめられていることを言う。すなわち、音意通りの用語である。

大工〔だいく〕（デッ、標訳してダイク）

南九語で大工のことを「デッ」と言う。この用語の促音発声からして「デク」と訳されがちだが、デ音も南九語方式の約音発声の用語だから正しく標訳すると「ダイク」となる語法である。たとえば、「大工殿《だいくどの》」は南九語で発音すれば「デッドン」である。辞典で「木偶」という言葉が紹介され「木彫りの人形、役に立たない人」などと解説されているが、これは南九語の「デッ」の促音発声のみを訳して「デク」とした語法ではないだろうか。正しくはデ音も標訳して「ダイク」と解釈すべきであったと考えられる。

南薩摩の寒村では古老の間で「デッドン（デクドノ、正しく標訳すれば大工殿《だいくどの》）が作った角棒は鉋《かんな》で綺麗に削るのでツルツルすべってしまう」と面白半分に語り継がれているので、その語り継ぎが「木偶の坊《でくのぼう》」という一口噺になって標準語地域でも噂になって広まったのではないだろうか。

英語にしてもダウン（down　下がる）、ダスト（dust　動きのない屑）などの単語で聴かれるダ音も音意通りの意味があって語形をなしていると考えられる。

ヂ

音の音意

「ヂ」は、『そのモノの生』の象体を指した音意があると考えられる。すなわち、『モノの本質』ということである。

＊現代の標準語で「ジ」と「ヂ」の音を区別することは難しくなっている。南九語の語法でもその音が語頭に用いられると聞き分けすることは難しい。しかし、その音が単語の語尾に用いられる場合は南九語では明確に使い分けられているので現代でも容易に区別することが可能である。その、使い分けられた語尾のジ音とヂ音について表記する。

①南九語語法で語尾の「ジ音」を歯擦音で発音する語例。「ジ音で音意は説明済み」

ジ音の語尾語例	標準語の発音	南九語の発音	南九語標訳
火事	かじ	クヮシ	クヮシ（崩仕）
雉	きじ	キシ	キシ（雉）
籤	くじ	クシ	クシ（籤）

匙	さじ	サシ	サシ（匙）
返事	へんじ	ヘシ	ヘシ（這士）

②南九語語法で語尾の「ヂ音」を促音で発音する語例。「ヂ音の音意語法は次頁に続く」

ヂ音の語尾語例	標準語の発音	南九語の発音	南九語標訳
味	あじ	アッ	アヂ（味）
氏	うじ	ウッ	ウヂ（大血↓氏）
舵	かじ	カッ	カヂ（構地）
辻	つじ	ツッ	ツヂ（辻）
恥	はじ	ハッ	ハヂ（恥）

③南九語語法で助詞の「之」を伴って「ヂ」となる語例。「ヂ音の音意語法は次頁に続く」

ヂ音の語尾語例	標準語の発音	南九語の発音	南九語標訳
肘	ひじ	ヒンヂ	ヒンヂ（秘之地）
叔父	おじ	オンヂョ	オンヂョ（祖父）
生地	きじ	キンヂ	キンヂ（生之地）

現代語の語法では「ジ音」または「リ音」で表記されているが、南九語の語法から考えて「ヂ音」と表記すべき語例について。

語例

地〔じ〕（ヂ）

「地」とは『モノの本質・生まれつきの生《き》の性質・土台となる生地・基本となるもの』を指す用語である。すなわち、音意通りに「ヂ」という言葉を生んだと考えられる。現代の国語学ではこの「地」を、音意上からみると否定意のある「じ」で表記しているが、「地《ち》（ち）」は濁音化発声すると「ヂ」となるから、「ジ」と「ヂ」は区別すべきで「地」は「地《ち》」と表記するのが正しいと考えられる。

実〔じつ〕（ヂッ）

真実のことを「じつ（実）」と言う。会話のなかでも日常よく聴かれる用語である。この言葉も『モノの本質』を表現した用語であるから「ヂツ」すなわち「実」であろう。

利〔り〕（ヂ）

南九語では「利《り》」のことも「ヂ」と発音している。すなわち、『モノの本質』ということになるので「ヂ」と考えられる。

祖父・爺〔じい〕（ヂイ）

国語学では「じい」と表記されている。しかし、血《ち》を受け継いだ先代の父親は血《ち》の繋がりで見れば父《ちち》（南九語はチオ）の元となるので祖父《おぢ》である。日本語では血《ち》の繋がりを大事にして言葉を創り出していると考えられるので祖父《おぢ》のヂ音はチ音の転濁化と考えるべきである。よって、「じい」は「ヂイ」と表記すべきではないだろうか。

英語にしてもヂーン（gene　遺伝子）、ヂェントリー（gentry　地方担い手の地主）などの単語で聴かれるヂ音も音意通りの意味があって語形をなしていると考えられる。

ヅ 音の音意

「ヅ」は、『象体の頂点』を意味した音意があると考えられる。
ヅ音とズ音は現実の会話文では区分が難しいが、語意によって使い分けてみた。

語例

頭〔ず〕（ヅ）

「頭《ず》が高い」の言葉遣いで聴かれる「頭《ず》」は国語学で「ず」と表記されるが、南九語の語法を参考にすれば「ヅ（頂点）」と考えられる。ヅ音の音意は『象体の頂点』を意味しているから人体で言えば「頭」にあたる。

頂点〔／〕（ヅッ）南九語語例集より

南九語特有の言葉遣いで象体の頭にあたる頂点を「ヅッ」と呼ぶ。無理に漢字を充てれば「頂《ヅッ》」または「頭《ヅッ》」であろう。たとえば、人間で言えば頭の頂点の部分を同語では「ビンタンヅッ（頭之頂《ビンタンヅッ》）」と呼ぶ。また、樹木の頂点は「キノヅッ（木之頂）」と呼び、岡の頂点は「オカンヅッ（岡之頂《オカンヅッ》）」と呼ぶ。

ヅンバイ〔／〕（ヅンバイ）南九語語例集より

南九語特有の言葉遣いである。日常よく使うが、意味は「どっさり」ということで、「袋の中身は頭部までパンパンに張り」という意味遣いであるが、その張り詰めた袋の形から「頭《ヅ》」を形容に充てた用語遣いである。

英語の場合はズ音とヅ音の区別ははっきりしないのでズ音の項を参考にしてもらいたい。

デ

音の音意

「デ」は、『自分で掌握できる分量』という意味をもつ音意があると考えられる。すなわち、自分が生きているときの『代（だい）』のことでもある。その『代《だい》』には『動かざるもの』の裏意もあると考えられる。

語例

台〔だい〕（デ、標訳してダイ）

標準語で「台《だい》」「代《だい》」「大《だい》」と発音した用語は南九語で全て「デ」と発音する。文法的にはダ音とイ音が連続した二連母音の（dai→de）約音化発声方式の「デ」である。「だい」の語形は音意上から解明すると『動かざる現象（ダ音参照）著しい（イ音参照）』となるので、それを約音化した南九語式語法の「デ」の音意も実質的には同じで『動かざるもの＝不動』ということになる。たとえば、標準語で「動かざる大地の地形」は「台《だい》地《ち》」と呼ぶが、南九語では「デラ」と呼ぶ。道具類でとらえてみても物を動かないようにのせる台を標準語ではそのまま「台《だい》」と呼ぶが、南九語では「デ」と発音する。

また、人の一生にしても動かざるもので「その人の一代」となるのでその「代《だい》」を南九語では「代《デ》」と呼ぶ。

食い出〔くいで〕（クデ）

「食い出」とは標準語で「くいで」と発音する。もし、別の漢字を充てると「食《く》う代《だい》」のことではないだろうか。南九語ではこの言葉を「クデ」と発音する。これら詞尾で用いられた「デ」と発音した音は音意通りに『自分で掌握する分量』と考えられる。

英語にしてもデータ（data　資料）、ディーラー（dealer　まとめ役・親）などの単語で聴かれるデ音も音意通りの意味があって語形をなしていると考えられる。

ド

音の音意

「ド」は、『モノ事を決定する』の音意があると考えられる。すなわち、「度《ど》」のことである。

語例

度〔ど〕（ド）

長さや重さを測り、基準の単位を「ド」という用語で表現する。すなわち、「度《ど》」で音意通りの用語である。

どれ？〔どれ〕（ドイ、標訳してドリ）

代名詞の「どれ」という用語であるが、南九語ではこれを「ドイ」と発音する。正しく標訳すると「ドリ」となる語形である。同系語である「どこ・どの……」などにしてもこれらの用語の語頭音である「ド」は「度」であると考えられる。すなわち、標準語でいう「どれ」は「度《ど》れ」となり、南九語の「ドイ」は「度《ド》り《リ》」となる語形である。

どんな〔どんな〕（ドゲナ）

この「どんな」は連体詞とされるが、語頭音の「ド」は「度《ど》」であると考えられる。すなわち、「どんな」に漢字を充てると「度之名《ドンナ》」で、「どんな名か？」とそのものの名を伺うための修飾詞と考えられる。

ど阿保〔どあほ〕（ドアホ）

「決定的な阿保」という意味遣いの用語である。正に音意通りの用語である。

英語にしてもドッキング（docking　結合）、ドアー（door　扉）などの単語で聴かれるド音も音意通りの意味があって語形をなしていると考えられる。

バ

音の音意

「バ」は、『公表公開』の音意があると考えられる。すなわち、『場』のことでどこから見ても曝露して見られる状態のことである。

語例

場〔ば〕（バ）

「場《ば》」とは『公表公開している場所』のことであるから音意通りである。

馬鹿〔ばか〕（バカ）

「馬鹿《ばか》」とは「馬《うま》や鹿《しか》」のことではなく単なる当て字であろう。この言葉を音意で解明すると『何でもかんでもばらしてしまう（公開する＝バ音参照）ことに構っている（カ音参照）』となる。よって、別の漢字を充てると「曝構《バカ》」と考えられる。

番〔ばん〕（バン）

「番《ばん》」という用語は音意的に見れば「場見《バミ》」が語形であろう。意味は「場を見る」である。この「場見《バミ》」を南九語では撥音転化で「バン」と発音するが、この語法が「番《ばん》」という用語になったと思われる。

英語にしてもバースト（burst　破裂）、バース（berth　停泊）などの単語で聴かれるバ音も音意通りの意味があって語形をなしていると考えられる。

ビ

音の音意

「ビ」は、『主権や統括力が集中』を表現した音意があると考えられる。すなわち、『威厳・威嚇の集中』を表現していることである。

語例

びしびし〔びしびし〕（ビシビシ）

この用語は手加減をせず容赦ない所作を表現した修飾語である。すなわち、ビ音は『威厳・威嚇の集中』を表現した音に考えられる。同系の用語で「びしっと」「びんびん」「びびる」などもある。

びっくり〔びっくり〕（ビックラ）

『威厳・威嚇の集中』している状態に遭遇すると人間はその状《さま》を見て動揺する。それを修飾して「びっくり」という用語遣いが生まれたと考えられる。南九語ではそれを「ビックラ」と言うので漢字を充てると「驚喰ら《ビックラ》」となる。

英語にしてもビッグ（big　巨大）、ビュー（view　見解）などの単語で聴かれるビ音も音意通りの意味があって語形をなしていると考えられる。

ブ音の音意

「ブ」は、『好ましくない象体』のことを表現した音意があると考えられる。すなわち、『醜』のことである。

語例

醜〔ぶ〕（ブ）

容姿が醜い男に対して「醜男《ぶおとこ》」という言葉遣いがある。この醜《ブ》は音意通りの語意があると考えられる。

ぶすっと〔ぶすっと〕（ブスット）

この用語のブ音も『好ましくない』を表現した修飾語と考えられる。

同系の言葉として「ぶかぶか」「ぶらぶら」「ぶりぶり」「ぶよぶよ」などのブ音も同意をもった用語と考えられる。

分〔ぶん〕（ブン）

「分《ぶん》」とは「身分」とか「分相応《ぶんそうおう》」など色々な用法があるが、「分《ぶん》」のブ音は音意通りに『好ましくない』を表現していると考えられる。このブに別の漢字を充てれば『歩（ブ）』のことでもある。

たとえば、古代の限られた生活において狩猟物などを取得した人は全てを独占したいと思っても、首長の権限で氏村の和を守るために個人の取得権は与えられず、氏人全員に平等に与えられると、その持分の個人の量を『歩（ブ）』と呼んだのではないだろうか。すなわち、狩猟物を苦労して取得した人にとっては満足のいく結果にはならないが、配分された歩（ブ）によって運命共同体の氏村は成立したと考えられる。

「歩（ブ）をわきまえる」という言葉遣いはそういうことではないだろうか。

英語にしてもブービー（booby　のろま）、ブッシュ（bush　藪）などの単語で聴かれるブ音も音意通りの意味があって語形をなしていると考えられる。

べ

音の音意

「べ」は、『へばりついた象体』を表現した音意があると考えられる。

語例

べったら〔べったら〕（ベッタラ）

　この修飾語である「べったら」のべ音は音意通りの意味があると考えられる。

部〔べ〕（べ）

　板や紙で作った平べったい幣《へい》を標準語では「標（しるべ）」と呼ぶが、南九語では「シベ（標）」と呼ぶので「べ」の用法は同じ音意をもった言葉遣いになる。また、南九語では土堤《つつみ》の盛土を「ズベ」と呼んでいる。あえて漢字を充てれば「随部《ズベ》」である。『ずるずるとずれるような（ズ音参照）べったりとした（べ音）土質』を指した用語となる。共通語としてはべったりと塗られた垣根などの面は「カベ（壁）」と呼び、菜《な》や魚《な》をべったりと煮加工する平べったい器は「ナベ（鍋）」と呼ぶ。
これらの語法からして「べ」と呼ばれた人間は古代生活の階級では、首長（神や命《みこと》）の足許直下に這いつくばるように『べったり』と伏している配下のことであったと考えられる。そのような地位（下位）の人たちは部（べ）と呼ばれながらも首長の家臣として家襲制のもとに庇護された生活を送っていたのではないだろうか。この呼称が「大伴部《おおともべ》」「物部《もののべ》」「日下部《くさかべ》」などの「べ」の呼称を遺したと考えられる。この風俗呼称が細民たちにとっては憧れの的となり、後世に「○○兵衛（べェ）」という人名称の大流行につながったのではないかと思われてならない。

英語にしてもベース（base　土台）、ベッド（bed　床）などの単語で聴かれるべ音も音意通りの意味があって語形をなしていると考えられる。

ボ
音の音意

「ボ」は、『全てが丸見え』の象体を表現した音意があると考えられる。すなわち、『空白空虚』『空っぽの空間』のことでもある。

語例

棒〔ぼう〕（ボ）

「棒《ぼう》」のボ音には『空白空虚』の音意があると考えられる。すなわち、「棒《ぼう》」とは元々付いていた筈の枝葉が全て取れてしまってすべすべの筒状になってしまったものが「棒《ぼう》」と呼ばれる。「すべすべ」とは「ひっかかりの無い空っぽ」ということである。その形がボ音の音意である『空白空虚』を表現して「棒《ボ》」という用語になったと考えられる。副詞の「ぼうっと」してなどの語法も同じである。

僕〔ぼく〕（ボッ、標訳してボク）

「僕《ぼく》」という用語は標準語では代名詞として使う場合は一人称となるが、名詞として使う場合は下僕とかしもべを指す三人称となる。南九語でも「ボク」は「ボッ」という促音発音になって三人称でしか用いない。すなわち、南九語で「僕（ボッ）」と呼んだ場合は、臣籍降下などで身分が零落した者、身分差のある下位の使役者、あるいは敵方の囚われ者などを卑しめて使う人称である。すなわち、最下級の人間を指した卑称である。よって、伝承の南九語では通常の日常会話で自分のことを指して僕《ぼく》と名乗る用語は聴かれない。

なお、『古事記』神代編（上巻）でも「僕《ぼく》」という言葉は度々登場するが、内容をよく見ると敗残者の立場に落ち込んだ神や命《みこと》を指す人称が「僕《ぼく》」になっているので、その用法は南九語と一緒である。

英語にしてもボーク（balk　失策、傷害、邪魔者）、ボーイ（boy　未熟年男子）などの単語で聴かれるボ音も音意通りの意味があって語形をなしていると考えられる。

パピプペポ

音の音意

基本的に「バ」「ビ」「ブ」「ベ」「ボ」の音意と共通である。ただ、異なる点は半濁音の「パ」「ピ」「プ」「ペ」「ポ」の場合はその状態が「一極集中して極点の形で表れている」ときに用いられているのが特色である。

修飾語の語例

濁音		半濁音
バリバリ（広範拡散状態を表現）	↓	パリパリ（一極集中の状態を表現）
ビンビン（広範拡散状態を表現）	↓	ピンピン（一極集中の状態を表現）
ブクブク（広範拡散状態を表現）	↓	プクプク（一極集中の状態を表現）
ベロベロ（広範拡散状態を表現）	↓	ペロペロ（一極集中の状態を表現）
ボリボリ（広範拡散状態を表現）	↓	ポリポリ（一極集中の状態を表現）

〈著者紹介〉

飯野 布志夫（いいの ふしお）

昭和７年、鹿児島県生まれ。

広島大学 教育学部 高等学校教育科理科 卒。

文語方言研究所主宰。

著書：『知覧むかしむかし』（日本図書館協会選定図書）

『南九州 門村《カドムラ》の「歳事しきたり」と「河童《グワンパ》伝説」』

『南九州方言の文法』（以上 高城書房）

『言葉の起こり　飯野布志夫著作集一』（以下、鳥影社）

『神々の性展　飯野布志夫著作集二』

『覇道無惨 ヤマトタケル　飯野布志夫著作集三』

『眠る邪馬台国　飯野布志夫著作集四』

『語源の旅 鹿児島弁　飯野布志夫著作集五』

編書：『古事記新解釈』飯野武夫、鳥影社

飯野布志夫 著作集 別巻

語源の鍵!

音《おん》ものがたり

定価（本体1200円+税）

乱丁･落丁はお取り替えします。

2020年 5月 12日初版第1刷印刷

2020年 5月 18日初版第1刷発行

著　者　飯野布志夫

発行者　百瀬　精一

発行所　鳥影社（www.choeisha.com）

〒160-0023　東京都新宿区西新宿3-5-12トーカン新宿7F

電話　03(5948)6470, FAX 03(5948)6471

〒392-0012　長野県諏訪市四賀 229-1（本社・編集室）

電話 0266(53)2903, FAX 0266(58)6771

印刷・製本　モリモト印刷

ISBN978-4-86265-789-3　C0081

飯野布志夫著作集

一「言葉の起こり」

『古事記』から言葉のルーツへ
南九州地方の方言で『古事記』を読むと、不思議とすらすら読める。その南九語を調べると言葉の成立には、音声の意味が深く関わっていることがわかってきた。音(おん)の組み立てから迫る日本語の起源。

本体価格　3200円　588頁　ISBN:9784-86265-421-2

二「神々の性展」

『古事記 神代巻』の真実！　南九州地方の方言は日本の「古語」か？
その方言の語法で『古事記』を読むと、不思議なことにすらすらと読める。そしてそこには性にまつわる神々たちの奔放な素顔が十五話にわたって迫ってくる。この解読は従来の解釈に一石を投じるかも知れない。

本体価格　1600円　284頁　ISBN:9784-86265-412-0

三「覇道無惨 ヤマトタケル」

倭(やまと)は　國のまほろば　たたなづく
青垣　山隠(こも)れる　倭(やまと)しうるはし
ヤマトタケルが最後に歌った四編の歌は南九州地方の方言の文体で詠まれていた。しかもその内容は、定説をくつがえす「反逆の歌」だった！

本体価格　1500円　204頁　ISBN:9784-86265-422-9

四「眠る邪馬台国」

「魏志倭人伝」に記された道程・方位を記述の通りに追うと北九州、近畿のいずれにもたどり着かない。だが読み解けない地名や役名などを南九州方言で読むと邪馬台国が南薩摩に存在したことが立証できる。さらに「倭人伝」の風俗・産物などの記述と、「古事記」に通底する神代南薩摩の伝承を重ねると、驚くべき邪馬台国の姿が浮かび上がってくる。

本体価格　1500円　190頁　ISBN:9784-86265-444-1

五「語源の旅　鹿児島弁」

古代人の息づかいが聞こえる
父子二代にわたって南九州の方言（鹿児島弁）で『古事記』を解読してきた著者が、さらに鹿児島弁の本質を明かすため、音(おん)に注目して日常語のなかから例を挙げて考証する。

本体価格　1600円　345頁　ISBN:9784-86265-505-9

別巻「語源の鍵！ 音《おん》ものがたり」

人が話す言葉の音には、一つ一つに固有の意味や働きがあることが分かった。
それを音意と名付けて解説したものがたりである。

本体価格　1200円　186頁　ISBN:9784-86265-789-3

鳥影社